AULA INTERNACIONAL

A1-A2

Libro de trabajo

difusión

martins fontes
selo martins

AULA INTERNACIONAL A1-A2
Libro de trabajo

Autores: Jaime Corpas, Eva García, Agustín Garmendia y Carmen Soriano

Sección "Además...": Sandra Becerril y Emilia Conejo

Asesoría secciones "Cultura" y "Gramática": Bibiana Tonnelier

Redacción: Ernesto Rodríguez

Coordinación pedagógica: Pablo Garrido y Neus Sans

Diseño y maquetación: CIFR4, Christopher Seager y Enric Font

Documentación: Olga Mias

© Ilustraciones: Roger Zanni, David Carrero, Aleix Pons, David Revilla, Man Carot

© Fotografía: Frank Calero, excepto: pág. 7 Galina Barskaya/ Stockpertcom; pág. 10 Anna Chelnokova/Dreamstime; pág.28 Aleksandar Jocic/Dreamsitme, Oleksandr Kalyna/Dreamstime, Marc Dietrich/Dreamstime, Freddy Eliasson/Dreamstime, Olgalis/Dreamstime, Jasom Smith/Dreamstime; pág.43 Laura Díaz, pág. 64 Robert Lewellyn/CORBIS; pág. 66 Miguel Raurich; pág. 83 Fundación Pau Casals, © Pablo Picasso, VEGAP, Barcelona 2004 (El Piano); pág. 84 ACI; pág.85 Marjorie Manicke; pág. 87 Fundación Federico García Lorca; pág. 88 COVER; pág. 89 Miguel Ángel Ramos, EMI Music; pág. 91 Franz Pluegl/ Dreamstime, Wojtel Wozniak; pág. 92 Rene Cerney, Matt Williams, Joahn Westling; pág. 93 Christy Thompson, Adam Ciesielski,Judi Seiber; pág. 94 B. Tonnelier; pág.95 Luis Rock; pág. 96 Adam Kurzok; pág. 97 Davide Gugliermo; pág. 99 Miguel Raurich, Jodi Longàs, pág. 100 Dora Maar VEGAP, Barcelona 2005; pág. 101 Pablo Picasso, VEGAP; Barcelona 2005; pág. 102 COVER, Eduardo Longoni/Corbis.

Todas las fotografías de www.Flickr.com están sujetas a una licencia de Creative Commons (Reconocimiento 2.0 y 3.0).

Agradecimientos: Eli Capdevila, Carlos (El Murmullo), El Deseo S.L.U. Producciones Cinematográficas, La fábrica de colores, Rosario Fernández, Eduardo Fraire Coter, Marga García (Telecinco), Fundació Pau Casals, Begoña Montmany, Edith Moreno, Isabel Naveiras, Ojos de Brujo, Carla Palanca (The Walt Disney Company), Mercè Rabionet, Albert Roquet, Francisco Rosales, Juan Pablo Tonnelier.

© Los autores y Difusión, Centro de Investigación y Publicaciones de Idiomas, S.L., Barcelona 2012

Dados Internacionais de Catalogação na Publicação (CIP)
(Câmara Brasileira do Livro, SP, Brasil)

Aula internacional : libro de trabajo / Jaime Corpas...[et al.]. – São Paulo : Martins Fontes, selo Martins, 2012.

Outros autores: Eva García, Agustín Garmendia, y Carmen Soriano
ISBN 978-85-8063-051-0

1. Espanhol - Estudo e ensino I. Corpas, Jaime.   II. García, Eva.   III. Garmendia, Agustín.   IV. Soriano, Carmen.

12-04274   CDD-460.7

Índices para catálogo sistemático:
1. Espanhol : Estudo e ensino   460.7

Todos os direitos desta edição reservados à
Martins Editora Livraria Ltda.
Av. Dr. Arnaldo, 2076
01255-000 São Paulo SP Brasil
Tel.: (11) 3116 0000
info@martinseditora.com.br
www.martinsmartinsfontes.com.br

difusión

martins fontes
selo martins

ÍNDICE

MÁS EJERCICIOS

unidad 1	*pág. 7*
unidad 2	*pág. 13*
unidad 3	*pág. 19*
unidad 4	*pág. 24*
unidad 5	*pág. 31*
unidad 6	*pág. 37*
unidad 7	*pág. 43*
unidad 8	*pág. 49*
unidad 9	*pág. 56*
unidad 10	*pág. 61*
unidad 11	*pág. 67*
unidad 12	*pág. 73*

MÁS CULTURA

unidad 1	*pág. 80*
unidad 2	*pág. 82*
unidad 3	*pág. 84*
unidad 4	*pág. 86*
unidad 5	*pág. 88*
unidad 6	*pág. 90*
unidad 7	*pág. 92*
unidad 8	*pág. 94*
unidad 9	*pág. 96*
unidad 10	*pág. 98*
unidad 11	*pág. 100*
unidad 12	*pág. 102*

MÁS GRAMÁTICA *pág. 104*

VERBOS *pág. 123*

MÁS EJERCICIOS

- Este es tu "cuaderno de ejercicios". En él encontrarás actividades diseñadas para fijar y entender mejor cuestiones gramaticales y léxicas. Estos ejercicios se pueden realizar individualmente, pero también los puede usar el profesor en clase cuando considere oportuno reforzar un determinado aspecto.

- También puede resultar interesante hacer estas actividades con un compañero de clase. Piensa que no solo aprendemos cosas con el profesor; en muchas ocasiones, reflexionar con un compañero sobre cuestiones gramaticales te puede ayudar mucho.

ACTIVIDADES DE EXPRESIÓN ESCRITA

Este icono señala las actividades pensadas para la práctica de la expresión escrita, trabajando en ellas los contenidos gramaticales de la unidad.

ACTIVIDADES DE INTERACCIÓN ORAL

Este icono señala las actividades destinadas a la interacción oral del estudiante a partir de contextos significativos.

COMPRENSIÓN ESCRITA

Con este icono se señala las actividades que tienen como objeto la lectura, comprensión y posterior explotación de una serie de textos breves.

ACTIVIDADES PARA EL PORTFOLIO

Este icono señala qué actividades pueden ser incorporadas al dossier del Portfolio europeo de las lenguas

NOSOTROS

1. Relaciona los verbos con los iconos correspondientes.

escuchar comentar mirar escribir oír observar marcar hablar

1 💬   **2** 👁   **3** 👂   **4** ✏️

....

....

2. ¿Quién crees que puede decir las siguientes frases: él o ella? Márcalo.

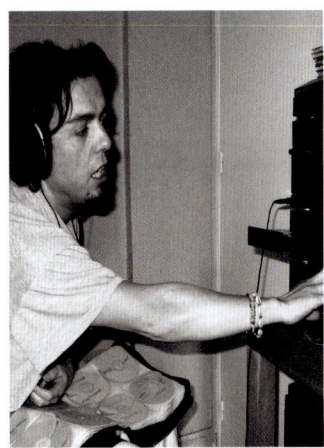

	ÉL	ELLA
1. Soy Julia.		
2. Tengo 18 años.		
3. Soy estudiante de informática.		
4. Soy español.		
5. Me llamo Marcos.		
6. Soy española.		
7. Tengo 32 años.		
8. Soy profesor de francés.		
9. ¿Mis aficiones? El mar.		
10. ¿Mis aficiones? La música.		

3. ¿Qué número se menciona en cada diálogo?

☐ 917802021   ☐ 10168113
☐ 647805511   ☐ 917302201
☐ 10188   ☐ 11611703
☐ 11811

1. ● ¿Tienes el móvil de Sofía?
   ○ Sí, es el seis, cuatro, siete, ochenta, cincuenta y cinco, once.

2. ● ¿Sabes cuál es el número de información telefónica?
   ○ ¡Uy! Ahora hay muchos, prueba el once, ocho, once, o el...

3. ● Su número del carné de identidad, por favor.
   ○ Sí, es el once, sesenta y uno, diecisiete, cero, tres.

4. ● Necesitas un código de acceso de cinco cifras, fácil de recordar.
   ○ Pues... uno, cero, uno, ocho, ocho; es mi fecha de nacimiento.

5. ● ¿Tienes el número de TeleBurger?
   ○ Sí, es el noventa y uno, siete, ochenta, veinte, veintiuno.

6. ● Un número de contacto, por favor.
   ○ Sí, el de la oficina, es noventa y uno, siete, treinta, veintidós, cero, uno.

7. ● Su número de cuenta, por favor.
   ○ Un momento, sí, aquí está: uno, cero, uno, seis, ocho, uno, uno, tres.

siete 7

EJERCICIOS

4. Continúa esta serie de números con tres números más.

1. tres, seis, nueve,..
2. doce, catorce, dieciséis,..
3. treinta, cuarenta, cincuenta,..
   ....
4. veinte, treinta y cinco, cincuenta,.................................
   ....
5. noventa y dos, ochenta y dos, setenta y dos,............
   ....
6. seis, doce, dieciocho,...
   ....

5. Busca palabras en español que empiecen por las siguientes letras. Asegúrate de que las entiendes.

b
....

n
....

d
....

p
....

f
....

r
....

j
....

t
....

l
....

v
....

6. Piensa en dos personajes famosos. Escribe su profesión, su nacionalidad y su edad aproximada. No escribas sus nombres. Luego, lee la información a los demás, que tendrán que intentar adivinar de quién se trata.

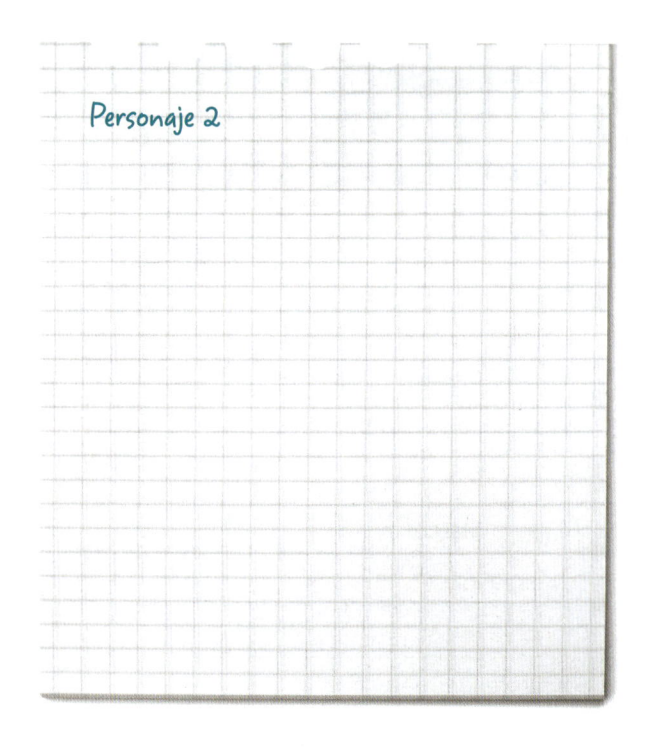

Personaje 1

Personaje 2

7. a. ¿En qué profesiones se utilizan estas cosas?

policía   carpintero/a   futbolista   albañil
jardinero/a   médico/a   mecánico/a
cocinero/a   cantante   informático/a

1. ....
2. ....
3. ....
4. ....
5. ....
6. ....
7. ....
8. ....
9. ....
10. ....

b. ¿Qué cosas utilizas en tus estudios? Haz una lista de cinco objetos como mínimo.

....
....
....
....

8. ¿Dónde trabaja cada uno? Relaciona las columnas. En algunos casos hay más de una combinación posible.

| un profesor, un mecánico, un enfermero, un camarero, un dependiente, | **en** | un colegio una tienda un restaurante un hospital un taller una escuela de idiomas un bar |

9. Completa las preguntas con las palabras que faltan.

1. ● ¿ .... qué te dedicas?
   ○ Soy estudiante.

2. ● ¿ .... te llamas?
   ○ Mario.

3. ● ¿ .... años tienes?
   ○ 18.

4. ● ¿ .... dónde eres?
   ○ Soy italiano.

5. ● ¿ .... se escribe "banco"?
   ¿Con "b" o con "v"?
   ○ Con "b".

6. ● ¿ .... se dice *ciao* en español?
   ○ "Hola".

7. ● ¿ .... mexicano?
   ○ No, soy español.

8. ● ¿ .... significa "muchas gracias"?
   ○ Grazie mille.

10. ¿De dónde proceden estas cosas? Escribe al lado de cada cosa la nacionalidad que crees que le corresponde.

portugués/esa   italiano/a   brasileño/a   ruso/a
estadounidense   argentino/a   japonés/esa
francés/esa   indio/a   español/a

1. el tango: *argentino*
2. el queso Camembert: ....
3. la pizza: ....
4. el curry: ....
5. el vodka: ....
6. la coca-cola: ....
7. la bossa nova: ....
8. el fado: ....
9. el sushi: ....
10. la paella: ....

EJERCICIOS

11. Completa con las sílabas necesarias para formar los nombres de diez países latinoamericanos.

- ★ ___ XI ___
- ★ ___ GEN ___ ___
- ★ VE ___ ___ ___
- ★ BO ___ ___
- ★ GUA ___ ___ ___
- ★ ___ BA
- ★ ___ CUA ___
- ★ HON ___ ___
- ★ CHI ___

12. Esta es la rutina diaria de Santi. Escribe lo que hace y a qué hora.

1. Se levanta a las...
2. Se ducha...
3. Se viste...
4. Sale de casa...
5. Llega a la universidad...
6. Come...
7. Cena...
8. Se duerme...

13. Estas son las respuestas de André y de Paolo a un cuestionario personal. Escribe las preguntas para cada una de las respuestas.

André Silva.
Soy brasileño, de São Paulo.
Soy estudiante de Música.
Piano y violín.
Sí, es asil88203@yahoo.com.br
Sí, 81611662.

Paolo Santoni.
Soy italiano.
39.
Soy contable.
Sí, es philsant@mail.it.
Sí, es 694 856 742.

tú

usted

ADEMÁS... 1

EN LA RED

Recuerda dos cosas:

1. Las páginas web cambian muy a menudo. Si no encuentras la página que te proponemos en una actividad, puedes ir a un buscador y escribir la palabra clave. Así encontrarás mucha información.

2. Recuerda que no tienes que entender todo. Las páginas españolas están escritas para hispanohablantes, por lo que hay mucha información. Concentra tu atención en aquello que necesitas para resolver la actividad. De todas formas, puedes consultar algunos diccionarios en línea, en Google puedes encontrar varios.

14. Contesta a estas preguntas.

1. Las páginas web brasileñas terminan en .br, ¿sabes cómo terminan las de España?

....

2. ¿Y las de otros países de habla hispana? ¿Cómo lo has averiguado? ....

....

3. Si quieres encontrar imágenes en Google, ¿dónde tienes que pinchar? ....

....

15. Ahora vamos a conocer a escritores famosos del mundo hispano. Entra en la wikipedia en español y busca "literatura española". Escoge cuatro nombres y rellena esta tabla. ¿Conoces a alguno? ¿Te interesa alguno en especial?

	Nombre	Primer apellido	Segundo apellido
1			
2			
3			
4			

TRUCOS PARA APRENDER PALABRAS

16. a. Fíjate en esta imagen. ¿Sabes a qué documento corresponde? ....

b. Fíjate en el contenido de la imagen y clasifica el vocabulario que aparece según los siguientes criterios.

a. Palabras que conozco:

....

b. Palabras que no conozco pero puedo deducir:

....

c. Palabras que no conozco y no puedo deducir:

....

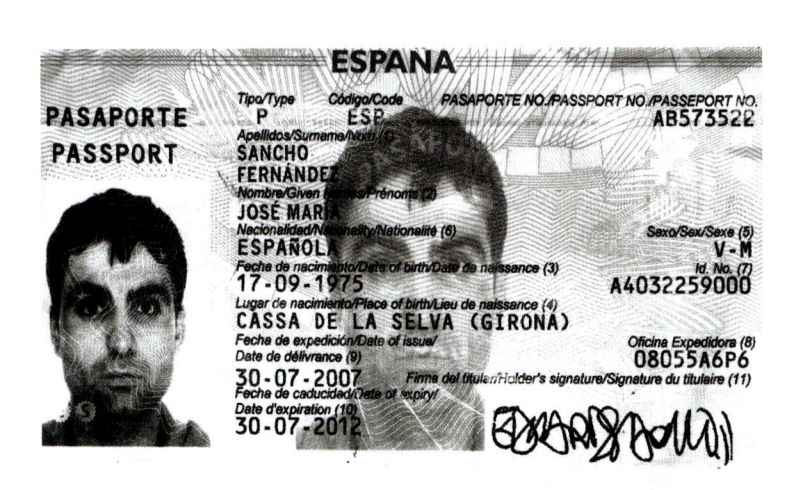

c. Contesta ahora a estas preguntas.

¿Cómo se llama esta persona? ....
¿De dónde es? ....
¿Qué edad tiene? ....

d. En tu lengua, comenta con un compañero qué mecanismos te han ayudado a obtener esta información y a comprender el significado de las palabras nuevas.

> **R**econocer el tipo de texto te ayuda a hacer hipótesis sobre el vocabulario que puedes esperar. Tu conocimiento del mundo y de tu propia lengua (o de otras) te va a ayudar a aprender español.

ADEMÁS...

TRUCOS PARA APRENDER GRAMÁTICA

17. a. Completa con los pronombres que faltan.

yo	…………	llamo
………	te	llamas
………/ella/………	…………	llama
nosotros/……	nos	llamamos
………/vosotras	…………	llamáis
ellos/………/ustedes	…………	llaman

b. Fíjate en los pronombres. ¿Qué diferencias observas con respecto a tu lengua?

18. a. Estas palabras han aparecido a lo largo de la unidad. Escúchalas y colócalas en la casilla correspondiente según su sílaba fuerte.

música, aeropuerto, bailarina, escribir, teléfono, aula, tango, televisión, adiós, tener, información, fútbol, amigos, tienen

1 — música
2 — amigos
3 — información

b. Lee estas reglas. A continuación, busca otros ejemplos en el libro y anótalos en un cuadro en tu libreta.

→ Las palabras con el acento en la antepenúltima sílaba (esdrújulas) llevan siempre una tilde.

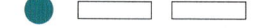

→ Las palabras con el acento en la penúltima sílaba (llanas) solo llevan tilde cuando no terminan en vocal, en **-n** o en **-s**.

→ Las palabras con el acento en la última sílaba (agudas) llevan tilde cuando acaban en vocal, **-n**, o en **-s**.

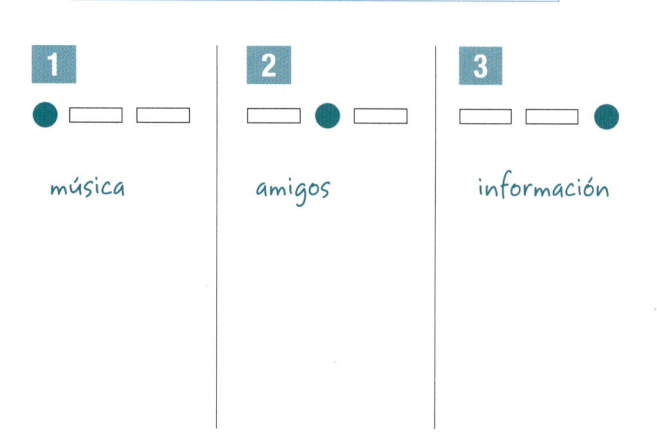

Hacer tus propios cuadros y apuntar las diferencias con la gramática de tu lengua te ayudará a comprender y a recordar mejor la gramática española.

Si buscas tus propios ejemplos para las reglas de gramática, te será más fácil recordarlas.

QUIERO APRENDER ESPAÑOL

1. Escribe las formas que faltan.

	escuchar	trabajar	comprar
(yo)	escucho	....	compro
(tú)	....	trabajas	....
(él/ella/usted)	escucha	....	compra
(nosotros/nosotras)	....	trabajamos	....
(vosotros/vosotras)	escucháis	....	compráis
(ellos/ellas/ustedes)	....	trabajan	....

2. Fíjate en el verbo **comer** y escribe las formas de los verbos **leer** y **aprender**.

	comer	leer	aprender
(yo)	como	....	....
(tú)	comes	....	....
(él/ella/usted)	come	....	....
(nosotros/nosotras)	comemos	....	....
(vosotros/vosotras)	coméis	....	....
(ellos/ellas/ustedes)	comen	....	....

3. Coloca las formas verbales al lado del pronombre correspondiente.

escribís escribe escribimos escriben escribo escribes

	escribir
(yo)	
(tú)	
(él/ella/usted)	
(nosotros/nosotras)	
(vosotros/vosotras)	
(ellos/ellas/ustedes)	

4. a. ¿A qué persona corresponden estas formas verbales? Escribe el pronombre personal de sujeto al lado de cada forma.

quieres: tú
leéis:
hace:
vengo:
tengo:
conozco:
aprendemos:
hablas:
leen:
escribís:
tenéis:
hago:
ve:
queremos:
vives:

b. ¿Cuál es el Infinitivo de los verbos anteriores? Clasifícalos en regulares o irregulares.

REGULARES	IRREGULARES

EJERCICIOS

5. Relaciona los verbos con los elementos de la derecha. En algunos casos hay más de una posibilidad.

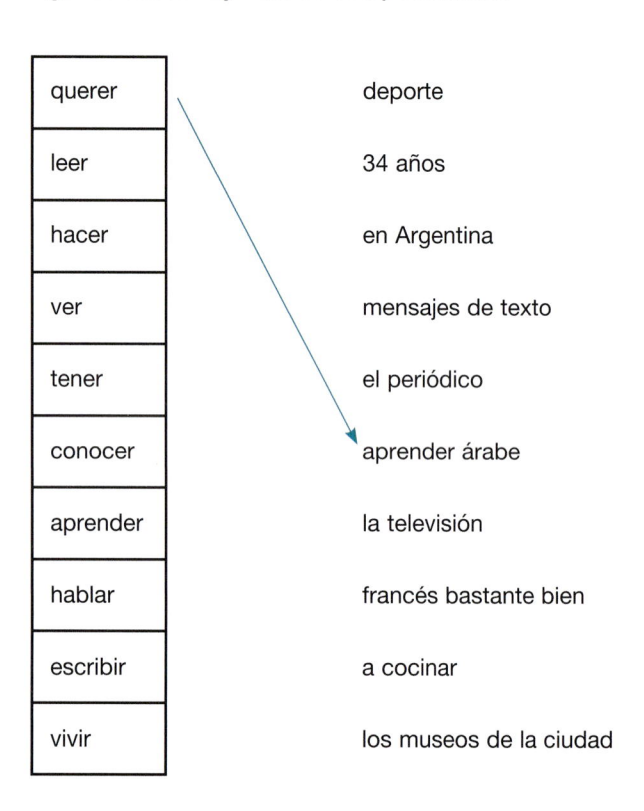

querer
leer
hacer
ver
tener
conocer
aprender
hablar
escribir
vivir

deporte

34 años

en Argentina

mensajes de texto

el periódico

aprender árabe

la televisión

francés bastante bien

a cocinar

los museos de la ciudad

6. a. ¿Interesa o interesan?

1. A mí no me .... el fútbol.

2. A nosotros nos .... aprender español.

3. A Juan no le .... las matemáticas.

4. A mis compañeros no les .... el flamenco.

5. ¿Te .... los toros?

6. ¿No os .... la gramática?

7. ¿A ti te .... la política?

8. A Alberto le .... los deportes.

9. A ellos les .... los idiomas.

10. ¿Os .... el jazz?

b. ¿Y a ti? ¿Te interesan las cosas anteriores? Escribe frases.

1. El fútbol:
2. Aprender español:
3. Las matemáticas:
4. El flamenco:
5. Los toros:
6. La gramática:
7. La política:
8. Los deportes:
9. Los idiomas:
10. El jazz:

7. Relaciona los elementos de los dos cuadros para construir frases lógicas.

1. ☐   4. ☐
2. ☐   5. ☐
3. ☐   6. ☐

1. Quiero aprender español para...
2. Quiero vivir con una familia argentina para...
3. Quiero ir a México para...
4. Quiero visitar el Museo del Prado porque...
5. Quiero ver películas de Buñuel porque...
6. Quiero comprar discos de Shakira porque...

A. ... me interesa el cine español.
B. ... quiero ver los cuadros de Goya.
C. ... me interesa mucho la música en español.
D. ... visitar el Museo Frida Kahlo.
E. ... hablar con mis amigos de Chile.
F. ... practicar español en casa.

8. a. ¿Qué artículos acompañan a las siguientes palabras?

el   la   los   las

1. .... ciudad
2. .... museos
3. .... historia
4. .... hambre
5. .... guitarra
6. .... literatura
7. .... atlas
8. .... gramática
9. .... gente
10. .... playas
11. .... águila
12. .... música
13. .... pueblos
14. .... comida
15. .... ave
16. .... política
17. .... naturaleza
18. .... estudiantes
19. .... aula
20. .... canciones
21. .... cine
22. .... teatro
23. .... viajes
24. .... arma

b. Ahora, clasifica según su género los sustantivos anteriores.

masculino	femenino

9. Nina va a pasar el fin de semana con su mejor amiga, Isabel, que vive en otra ciudad, y le escribe para decirle qué quiere hacer. Completa el correo con las preposiciones adecuadas (recuerda: a + el = al).

¡Hola, Isa!

¿Qué tal todo? Bueno, tenemos solo un fin de semana y no hay mucho tiempo, pero me gustaría hacer muchas cosas.

Mira, llego al aeropuerto el viernes a las 6h y primero quiero ir (1) .... hotel a dejar mis cosas.

Luego, ya sabes que quiero conocer (2) .... Luis (tu nuevo novio no es tímido, ¿verdad?).

Después, si quieres, podemos salir (3) .... cenar. El sábado, no sé, ¿qué tal un museo?

Pero también quiero ir (4) .... compras :-). Y por la noche, claro, ¡salir (5) .... bailar!

Y el domingo, si quieres podemos ir (6) .... excursión, tengo una cámara digital nueva y quiero hacer muchas fotos.

Bueno, son ideas... Hablamos mañana y hacemos los planes juntas, ¿de acuerdo?

Un beso y ¡hasta (7) .... mañana!

Nina

EJERCICIOS

10. Escribe una pregunta para cada respuesta.

1 • ¿..
....?

○ Trabajo en una orquesta, soy pianista.

2 • ¿..
....?

○ No, no me interesa mucho, me interesan más los museos.

3 • ¿..
....?

○ No, no lo conozco, pero quiero ir.

4 • ¿..
....?

○ Sí, pero no muy bien.

5 • ¿..
....?

○ Quiero trabajar en Roma.

6 • ¿..
....?

○ ¿En clase? Muchas cosas: hablamos de muchos temas, leemos, estudiamos gramática, vemos vídeos, etc.

11. a. Estas son las conclusiones de un estudio encargado por el Ayuntamiento de Zaragoza sobre la vida de los jóvenes de entre 15 y 29 años que viven en esta ciudad española. En grupos de tres, intentad elaborar vuestro propio estudio.

LOS JÓVENES EN ZARAGOZA

– estudian o tienen un trabajo mal pagado;
– tienen móvil y ordenador, y casi la mitad, una consola de videojuegos;
– sus actividades preferidas son, por este orden: salir con los amigos, escuchar música, viajar, descansar, ir al cine y ver la televisión;
– por encima de todo y en este orden, valoran la familia, el sexo, la vida libre, el dinero, la educación y la amistad;
– tres de cada cuatro jóvenes quieren cursar estudios universitarios;
– casi el 70% vive con sus padres;
– en el plano personal, consideran que el trabajo y la vivienda son los problemas más importantes (también de la sociedad actual en general).

Los jóvenes en...

b. Comparad vuestros resultados con los de los demás compañeros. ¿Coinciden?

ADEMÁS... 2

EN LA RED

12. a. Relaciona las actividades con las páginas de internet donde puedes realizarlas.

Leer el periódico en español.   www.arecetas.com
Escuchar música en español.   cvc.cervantes.es/aula/lecturas
Aprender a preparar platos típicos hispanos.   www.elpais.com
Buscar información en español.   www.los40.com
Leer en español.   www.es.wikipedia.org

b. ¿Qué paginas te interesan a ti? Escríbelas en tu cuaderno y guárdalas en la sección "Favoritos" de tu ordenador. ¿Por qué no creas una carpeta de "Favoritos para aprender español"?

> Recuerda que las páginas web cambian muy a menudo. Si la página que te proponemos ya no existe, ve a un buscador y escribe la palabra clave. Así encontrarás mucha información.

TRUCOS PARA APRENDER PALABRAS

13. a. ¿Puedes ordenar las palabras de estas preguntas? Luego contéstalas con tu información.

¿interesa fútbol a el ti te?   ....
¿español qué estudias por?   ....
¿de cine este quieres semana al ir fin? ....
¿idiomas hablas qué?   ....

b. Ahora ordena las sílabas de estas palabras. Todas están relacionadas con tu aprendizaje del español.

cia-pro-ción-nun   ....   cu-es-char   ....
ti-gra-ca-má   ....   ca-rio-vo-bu-la   ....
sar-con-ver   ....   bir-es-cri   ....
er-le   ....   ra-cul-tu   ....

c. ¿Qué cosas del apartado anterior te parecen más importantes cuando aprendes español? Ordena los conceptos de más a menos importante y compara tu lista con la de tus compañeros.

ADEMÁS...

TRUCOS PARA APRENDER GRAMÁTICA

14. a. Busca ocho sustantivos en esta unidad y clasifícalos en un cuadro como este.

Masculino singular	Femenino singular	Masculino plural	Femenino plural
el museo		los museos	

b. Ahora, compara tu cuadro con el de un compañero y completad estas frases:

1. Las palabras que terminan en **-o** son normalmente ....y van precedidas por el artículo .... El plural de la palabra se forma añadiendo .... El plural del artículo es ....

2. Las palabras que terminan en **-a** son normalmente .... y van precedidas por el artículo .... El plural de la palabra se forma añadiendo .... El plural del artículo es ....

3. Las palabras que terminan en **-e** pueden ser .... El plural se forma añadiendo ....

15. a. Coloca estas formas verbales en el lugar correspondiente de la tabla. Luego, complétala con las formas que faltan.

> hablo, escribe, bailas, leéis, como, bailáis, viven, lees, habla

	hablar	bailar	leer	comer	escribir	vivir
yo						
tú						
él/ella/usted						
nosotros/nosotras						
vosotros/vosotras						vivís
ellos/ellas/ustedes						

b. Subraya con tres colores diferentes las terminaciones de los verbos de la primera, la segunda y la tercera conjugación.

c. Ahora, forma frases con tres de los verbos anteriores. Intenta hacer frases relacionadas contigo o con tu vida.

> **R**ecordamos mucho más fácilmente las cosas que tienen relación con nosotros. Por eso es importante que busques ejemplos relevantes para ti.

¿DÓNDE ESTÁ SANTIAGO?

1. Observa el mapa y construye frases con **hay**, **es/son**, **está/están**.

- Cuba → playas fantásticas
- Ciudad Juárez ← México
- Venezuela → petróleo
- Cartagena de Indias ← Colombia
- capital: Quito ← Ecuador
- lenguas oficiales: español y guaraní ← Paraguay
- bebida típica: mate ← Argentina
- Uruguay → playas de Punta del Este

1. ....
2. ....
3. ....
4. ....
5. ....
6. ....
7. ....
8. ....

2. Escribe una pregunta posible para cada respuesta.

1. • ....
   ○ En África.
2. • ....
   ○ Templado.
3. • ....
   ○ ¿Elefantes? ¡No!
4. • ....
   ○ El portugués.
5. • ....
   ○ El peso mexicano.
6. • ....
   ○ Es una bebida.
7. • ....
   ○ La Habana.
8. • ....
   ○ Cuatro. El castellano, el catalán, el vasco y el gallego.
9. • ....
   ○ Un plato típico español.

3. Completa ahora estas frases con **qué**, **cuál** o **cuáles**.

1. • ¿.................... es la capital de Colombia?
   ○ Bogotá.

2. • ¿.................... son las tapas?
   ○ Pequeñas raciones de comida.

3. • ¿.................... es el mate?
   ○ Es una infusión que se bebe en Uruguay, Brasil, Paraguay y en Argentina.

4. • ¿................ son las playas más bonitas de Guatemala?
   ○ Las playas de arena negra del Pacífico.

5. • ¿.................... es la moneda de Honduras?
   ○ El lempira.

6. • ¿.................... es el Aconcagua?
   ○ La montaña más alta de América. Está en Argentina.

EJERCICIOS

4. Sigue el modelo y construye frases usando el superlativo.

Ciudad de México / la ciudad / grande / México
Ciudad de México es la ciudad más grande de México.

1. El Pico Bolívar / la montaña / alta / Venezuela

   ....

2. Cuba / la isla / grande / el Caribe

   ....

3. El flamenco / el tipo de música / conocido / España

   ....

4. El Hierro / la isla / pequeña / las Canarias

   ....

5. La Paz / la sede de gobierno / alta / el mundo

   ....

6. El Tajo / río / largo / España

   ....

5. Completa las frases con **hay**, **está** o **están**.

1. .... muchas fiestas en España.

2. Donde yo vivo .... unos cines estupendos.

3. El diccionario .... allí, en la mesa del profesor.

4. • ¿............ Luis?
   ○ No, Luis no. Pero .... Laura, su compañera.

5. • Perdona, ¿............ una cafetería en esta escuela?
   ○ Sí, sí, ... una. Al lado de la entrada.

6. • No .... tiza, voy a pedirla.

6. a. Completa las frases con estas palabras.

península · puerto · montaña · isla · ciudad · río · cataratas · cordillera

1. El Nilo es el .... más largo de África.

2. Cuba es una .... del Caribe.

3. El Everest es la .... más alta del mundo.

4. Bilbao es una .... del norte de España.

5. El .... de Rotterdam es el más grande de Europa.

6. La .... de los Andes está en Sudamérica.

7. Portugal está al oeste de la .... Ibérica.

8. Las .... de Iguazú están en la frontera entre Argentina, Brasil y Paraguay.

b. Ahora, con las palabras anteriores, escribe frases sobre tu estado o tu país.

7. Completa el siguiente texto sobre el clima en España con **muy**, **mucho**, **muchos**, **muchas**.

España es un país con _____ climas diferentes. En la zona mediterránea, los veranos son _____ secos, no llueve _____ y no hace frío. En el norte, en general, llueve _____ y las temperaturas son suaves. En el interior, las temperaturas son más extremas: los veranos son _____ calurosos y los inviernos _____ fríos. En zonas del sur, por lo general llueve _____ poco durante todo el año y en verano hace _____ calor.

8. ¿Cómo es el clima en estos países? Escribe frases.

Estados Unidos
España
Gran Bretaña
Grecia
Finlandia
Egipto
Canadá
China

llueve mucho
no llueve mucho
hace mucho frío y nieva
tiene un clima tropical
el clima es templado
hace calor y no llueve
hay muchos climas diferentes
tiene un clima húmedo

En Gran Bretaña llueve mucho.

ADEMÁS...

EN LA RED

9. En grupos de tres, vais a preparar una ficha como esta sobre un país de Latinoamérica.

NOMBRE DEL PAÍS:

Capital:

Lengua oficial:

Moneda:

Población:

Clima:

Lugares de interés turístico:

Un plato típico:

Un producto importante:

Otras informaciones de interés:

1. Escoged un país y buscad una página web que os guste con información sobre este.
2. Con ayuda de las imágenes que encontréis preparad la ficha con la información más importante.
3. Luego mostrad la página web que habéis elegido y leed vuestro texto al resto de la clase.
4. Podéis guardarlo en vuestro dossier.

TRUCOS PARA APRENDER PALABRAS

10. a. Anota en esta tabla palabras, combinaciones de palabras y frases sobre estos temas. Puedes buscar en la unidad.

	PALABRAS	COMBINACIONES DE PALABRAS	FRASES
El tiempo y el clima	Lluvia	Llueve mucho/poco	En el desierto de Atacama llueve muy poco.
La geografía	El norte	En el norte de	En el norte de Argentina hay...

Te resultará más fácil aprender las palabras si las agrupas de alguna forma. ¿Por qué no te haces tu propio cuaderno de vocabulario por temas?

b. Ahora, mira de nuevo la tabla completa. ¿Por qué no escribes todas las irregularidades que te llamen la atención, por ejemplo: **llover>llueve**? Puedes subrayarlas o marcarlas con otro color.

c. ¿Puedes unir los elementos de las dos columnas para formar expresiones?

un país	típico de un país
un río	que pasa por varios países
una lengua	activo
una montaña	muy alta
un volcán	con muchos habitantes
un plato	indígena

> A veces, es útil aprender grupos de palabras, es decir, combinaciones de palabras muy comunes o expresiones que son más o menos fijas.

TRUCOS PARA APRENDER GRAMÁTICA

11. a. Rellena este cuadro con las formas que faltan de los verbos.

	Ser	Estar	Haber
yo	....	estoy	
tú	....	....	
él/ella/usted	es	....	....
nosotros/nosotras	....	estamos	
vosotros/vosotras	....	....	
ellos/ellas/ustedes	son	....	

b. Por último, completa estas frases. Fíjate en que, según el verbo que aparece, necesitas dar un tipo de información diferente.

– Yo estoy..

– En Brasil hay ....

– ....está en mi país.

– La ciudad donde vivo está..

– La ciudad donde vivo es..

¿CUÁL PREFIERES?

1. Completa el cuadro con las formas que faltan.

	tener	preferir
(yo)	tengo	....
(tú)	....	....
(él/ella/usted)	....	....
(nosotros/nosotras)	....	....
(vosotros/vosotras)	....	preferís
(ellos/ellas/ustedes)	....	....

2. a. ¿Qué lleva Elisa en la maleta? Escríbelo.

Una falda corta, ...
....
....
....

b. Y tú, ¿cómo vas vestido? Di de qué color es tu ropa.

....
....
....

3. Relaciona los elementos de las dos columnas para formar el nombre de varios objetos.

carné	de pelo
gafas	de ducha
gel	de playa
pasta	de identidad
secador	de crédito
tarjeta	de sol
toalla	de dientes

4. ¿Qué ropa te pones en cada caso? Escríbelo.

PARA IR A CLASE
....
....
....
....

PARA DORMIR
....
....
....
....

PARA ESTAR EN CASA
....
....
....
....

PARA UNA BODA
....
....
....
....

5. Escribe estas cantidades de dinero en letras.

456 €: cuatrocientos cincuenta y seis euros
267 €$: ....
876 £: ....
745 $: ....
578 €: ....
934 £: ....
888 €$: ....
193 $: ....
934 £: ....
307 £: ....
415 €: ....

6. Completa estos diálogos con las palabras o expresiones que faltan.

1. • Buenos días. ¿........................ bolígrafos?
   ○ ¿Bolígrafos? No, no tenemos.

2. • Buenos días, ... unos pantalones cortos.
   ○ ¿........................?
   • Negros o azules.

3. • Perdone, ¿cuánto .... estos zapatos?
   ○ 74 euros.

4. • Esta mochila roja, ¿cuánto ....?
   ○ 50 euros.
   • ¿Y esta verde?
   ○ 40 euros.
   • Pues .... la verde.

7. Marta pregunta los precios de muchas cosas. ¿Qué frases usa? Escríbelo.

¿Cuánto	cuesta/vale	este / esta	traje/s de baño?
			sandalias?
			paraguas?
	cuestan/valen	estos / estas	zapatos?
			mochila/s?
			jersey/s?
			biquini/s?

1. ¿Cuánto cuestan estas camisetas?

2. ....

3. ....

4. ....

5. ....

6. ....

7. ....

8. ....

8. Escribe en letras los números que faltan.

100	....	1000	mil
101	ciento uno/a	1012	mil doce
102	....	1150	mil ciento cincuenta
110	ciento diez	1456	....
120	....	10 000	diez mil
160	ciento sesenta	10 013	....
200	doscientos/as	10 870	diez mil ochocientos/as setenta
244	....	20 000	....
300	trescientos/as	70 345	....
310	....	100 000	cien mil
400	cuatrocientos/as	400 000	....
500	quinientos/as	489 000	....
566	....	1 000 000	un millón
600	seiscientos/as	1 010 000	un millón diez mil
700	setecientos/as	1 120 000	....
766	....	3 444 000	tres millones cuatrocientos/as cuarenta y cuatro mil
800	ochocientos/as	7 500 029	....
888	....		
900	novecientos/as		
999	....		

EJERCICIOS

9. Completa el siguiente crucigrama con vocabulario de ropa, calzado y complementos.

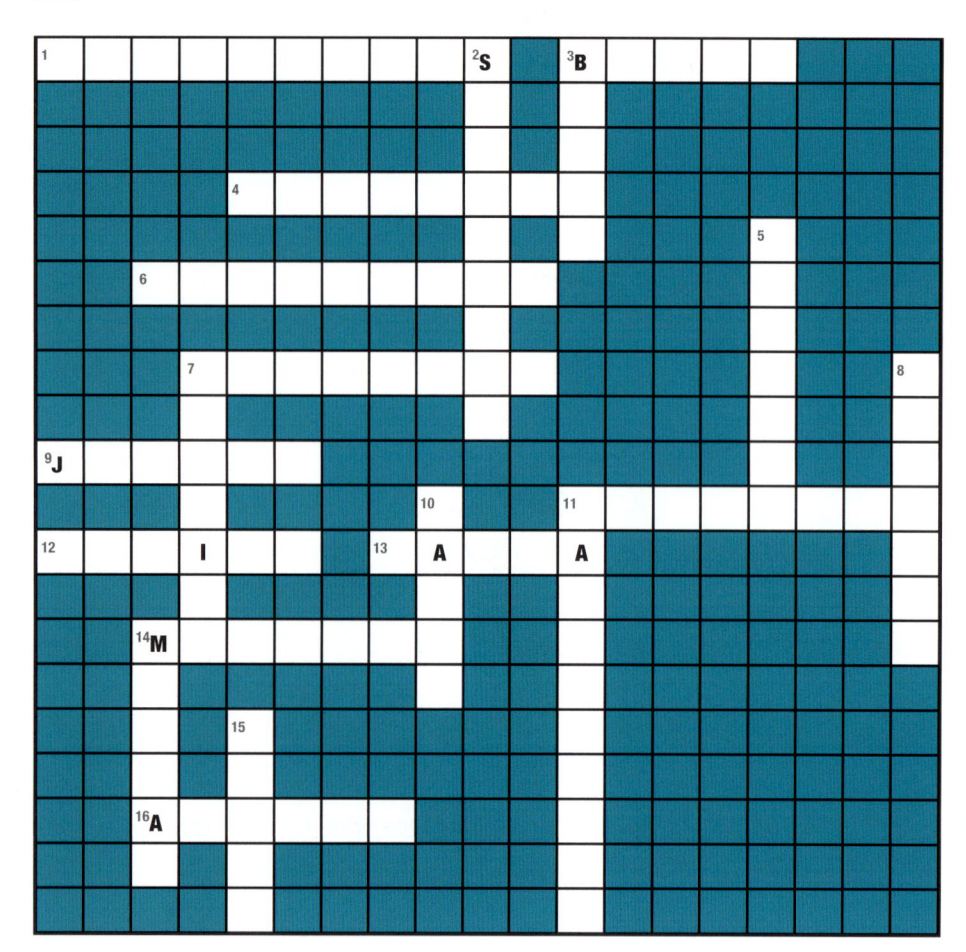

HORIZONTALES

1. Se llevan en las piernas. Los llevan hombres y mujeres. Pueden ser largos o cortos.

3. Es de cuero, tela o plástico. Se usa para llevar cosas dentro. Lo usan más las mujeres.

4. Puede ser de diferentes tipos, pero siempre con mangas. La llevan hombres y mujeres en la parte superior del cuerpo, encima de la camisa o del jersey.

6. Son un tipo de calzado. Se llevan en los pies en verano y dejan los dedos al descubierto.

7. Son unos pantalones de tejido muy grueso y resistente. Los llevan hombres y mujeres. El color clásico es el azul.

9. En general, es de lana y tiene mangas. Lo llevan hombres y mujeres. Es para el invierno, aunque también puede ser más fino y usarse en otras épocas del año.

11. Es una prenda muy simple, de algodón, con o sin mangas, sin botones ni cremalleras. Pueden tener estampados diversos. Se pone en la parte superior del cuerpo.

12. Es una prenda que se usa en la parte superior del cuerpo. Tiene botones en la parte delantera, cuello y mangas (largas o cortas).

13. Puede ser corta o larga y normalmente la llevan las mujeres. Cubre de la cintura hacia abajo.

14. Es un tipo de bolso que se lleva a la espalda. Algunas son muy grandes, para viajar.

16. Es una prenda que se lleva por encima de todas las demás cuando hace frío. Puede ser más o menos larga y estar hecha de diferentes materiales.

VERTICALES

2. Es una prenda íntima femenina. Se lleva en el pecho.

3. Es un tipo de calzado adecuado para el frío y para la lluvia: no protege solamente los pies sino también parte de la pierna. (Plural)

5. Protegen las manos del frío.

7. Es algo así como una blusa y una falda juntas, todo en una sola pieza. Lo llevan solamente las mujeres.

8. Lo usamos para ir a la playa o a la piscina.

10. Las usamos para proteger los ojos del sol, pero hay otras que son para ver mejor.

11. Sirven para mantener los pies calientes, y no son calzado. Pueden ser de lana, algodón o fibras sintéticas.

14. Es la parte del jersey, la chaqueta o la camisa que cubre los brazos. (Plural)

15. Es un tipo de sombrero sin ala y con una visera. Se usa mucho en algunos deportes, como, por ejemplo, el béisbol.

10. Subraya la forma correcta: ¿**este** o **esto**?

1.
- ¿Qué es **este/esto**?
- ¿A ver? Pues... es el libro de Juan.
- ¿Y qué hace encima de mi mesa?

2.
- ¿Quién es **este/esto** de la foto?
- Es Chus, mi novio.

3.
- ¿Dónde ponemos todo **este/esto**? Son muchas cosas...
- Las podemos poner en el trastero.

4.
- ¿Quieres un caramelo?
- A ver qué tienes... Pues **este/esto**, que es mi sabor preferido.

11. Completa los siguientes diálogos con las formas adecuadas de **tener** o **tener que**.

1. • (Yo) .... ir a la farmacia, ¿necesitas algo?
   ○ No, gracias.

2. • ¿(Tú) .... un secador de pelo?
   ○ Yo no, pero creo que Teresa .... uno.

3. • ¿Sabes que en octubre nos vamos de viaje a Suecia?
   ○ ¿Sí? ¡Qué bien! Pero (vosotros) .... llevar mucha ropa de abrigo, que allí hace mucho frío.

4. • (Nosotros) .... preparar la excursión de este fin de semana. A ver, ¿qué cosas .... y qué .... comprar?
   ○ Yo .... una tienda de campaña y creo que Leo y Ana .... varios sacos de dormir.
   • Estupendo. ¿Qué más necesitamos?

12. Separa y ordena las intervenciones de dos conversaciones que tienen lugar en tiendas diferentes.

¿Tienen gafas de sol?
62 euros; no son caras.
30 euros; muy barato.
¿Tienen paraguas?
¿Cuánto cuesta este azul?
¿Cuánto cuestan estas negras?
Sí, tenemos todos estos.
A ver... Sí, perfecto, me quedo estas.
A ver... Sí, perfecto, me quedo este.
Sí, tenemos todas estas.

conversación 1

- ¿Tienen gafas de sol?
....
....
....
....

conversación 2

....
....
....
....
....

EJERCICIOS

13. a. Fíjate en estos objetos y relaciona cada imagen con su utilidad.

CENTRO COMERCIAL LA DEHESA
ESPECIAL VACACIONES * OFERTAS DEL MES

1 a partir de 180 €
2 a partir de 35 €
3 a partir de 130 €

CÁMARA
Amplia oferta de cámaras fotográficas digitales. Las mejores marcas y los precios más competitivos.

GAFAS DE SOL
Los modelos más modernos para este verano. Tenemos más de 6000 modelos diferentes. Nuevos colores y formas.

REPRODUCTORES DE MÚSICA
Lo último en reproductores de música. Amplia oferta con las últimas versiones. Gran variedad de complementos: auriculares, fundas, altavoces, etc.

SUPEROFERTA...
- Champú diferentes fragancias
- Pasta dentífrica 0,75

4 a partir de 6 €
5 6 a partir de 2 €

GUÍAS DE VIAJE
Las mejores guías para sus viajes. Todos los países del mundo en diferentes formatos.

CENTRO COMERCIAL LA DEHESA
Carretera de Andalucía, Salida 17, Madrid Tel: 9023454647

- ○ La necesitas para lavarte los dientes.
- ○ Con este aparato puedes hacer fotografías de tus amigos, tus viajes, etc.
- ○ Es un objeto que llevas para protegerte del sol.
- ○ En este libro hay mucha información sobre una ciudad o un país.
- ○ Con este objeto puedes escuchar tus canciones favoritas.
- ○ Con este producto te lavas el pelo.

b. Ahora contesta las siguientes preguntas.

1. ¿Cuál es el objeto más caro? ¿Y el más barato?

....

2. ¿Dónde puedes comprar el champú?

....

3. Imagina que solo tienes 70 euros, ¿en qué los prefieres gastar? ¿Por qué?

....

14. Imagina que en verano te vas de viaje unos días a Barcelona y te alojas en casa de una familia española. ¿Qué ropa y complementos vas a llevar en la maleta? Ten en cuenta que tienes programadas las actividades que aparecen en el cuadro.

....
....
....

	jueves	viernes	sábado	domingo
mañana	llegada a Barcelona	playa	visita guiada al barrio gótico	excursión al parque natural del Montseny
tarde	visita al museo Picasso	parque de atracciones	ópera en el Teatro del Liceo	comida con la familia
noche	cena con la familia y paseo por Las Ramblas	cena en el puerto con tus amigos españoles	noche libre	regreso

ADEMÁS... 4

EN LA RED

15. a. Nos vamos de compras por la red. Entra en www.elcorteingles.es. ¿En qué sección puedes...

comprar una novela?
....
....

buscar información sobre un ordenador?
....
....

comprar comida?
....
....

comprar unos vaqueros?
....
....

reservar una entrada para ir a un concierto?
....
....

b. Ahora elige una de estas dos opciones:

1. Escribe el nombre de cuatro productos que te gusten, en qué sección se encuentran y cuánto cuestan.

....
....
....
....

2. Mira en estas páginas web de marcas de moda españolas y escoge tres prendas para salir este fin de semana. Descríbelas y calcula cuánto dinero tienes que gastar para comprarlas: www.spf.com, www.mango.com, www.zara.es, www.camper.com.

....
....
....

TRUCOS PARA APRENDER PALABRAS

16. a. ¿Con qué palabras relacionas cada uno de estos tres verbos? Escribe el número de cada uno donde corresponda.

❶ tener   ❷ ir   ❸ tener que

○ de viaje
○ una camisa roja
○ comprar crema protectora

○ llevar el pasaporte
○ en autobús
○ pagar con tarjeta

○ al gimnasio
○ aspirinas
○ muchos amigos

○ de compras
○ estudiar español
○ de vacaciones

b. ¿Conoces otras expresiones con estos verbos? Añádelas.

....

> Si haces este ejercicio con otros verbos te resultará más fácil aprender su uso y memorizar expresiones usuales que se forman con ellos.

ADEMÁS...

c. ¿Puedes imaginar un contexto en el que utilizar las expresiones anteriores? Escribe tres pequeños diálogos: uno debe tener una expresión con el verbo **ir**, el segundo debe tener una expresión con el verbo **tener** y el tercero, una expresión con **tener que**.

TRUCOS PARA APRENDER GRAMÁTICA

17. a. Completa estas frases con las terminaciones que faltan.

1
- No sé qué pantalones llevarme. ¿Qué crees tú? ¿Cuáles son más elegantes, est...... o est......?
- Los negros, ¿no?

2
- Te quiero regalar una fotografía de Tony como recuerdo. Mira, tengo dos: ¿cuál prefieres, est...... o est......?
- Uf, no sé.

3
- ¿Qué es est......?
- Son unas gafas de sol.

4
- Mira, est...... son mis botas preferidas.
- ¡Qué bonitas!

5
- ¿Qué gorro prefieres, est...... o est......?
- El azul.

b. Ahora completa el cuadro con los pronombres demostrativos.

	Masculino	Femenino	Neutro
Singular			
Plural			

TUS AMIGOS SON MIS AMIGOS

1. Relaciona los siguientes adjetivos de carácter con la descripción correspondiente.

1. cariñoso
2. amable
3. organizado
4. competitivo
5. optimista
6. creativo
7. sociable
8. tranquilo

a. Le gusta conocer gente.

b. Le gusta ganar siempre, ser el primero en todo.

c. Le gusta inventar cosas, encontrar nuevas ideas, imaginar, etc.

d. Le gusta hacer planes para todo y tener las cosas en orden.

e. Le gusta mostrar el afecto que siente por los demás.

f. Le gusta ver el lado positivo de la vida.

g. No le gustan las prisas ni hacer las cosas con nerviosismo.

h. Le gusta complacer a los demás.

2. ¿A qué se refieren estas personas? Para saberlo, fíjate en si se usa **gusta** o **gustan**; **encanta** o **encantan**.

1. No me gustan mucho.
a) las fiestas.
b) el flamenco.

2. Me gusta mucho.
a) las películas de acción.
b) el cine.

3. Me encantan.
a) pasear con mi perro.
b) los perros.

4. No me gusta nada.
a) bailar.
b) las discotecas.

5. Me gusta.
a) esta escuela.
b) las clases de español.

6. Sí, sí que me gusta.
a) la música étnica.
b) los bocadillos de calamares.

3. ¿Consideras que eres una persona con los gustos "típicos" de tu país? Escribe cinco frases hablando de diferentes temas de interés: deporte, ocio, televisión, comidas, bebidas, vacaciones…

A la gente, en general, le gusta mucho el fútbol, pero a mí no me gusta nada.

1. ....
2. ....
3. ....
4. ....
5. ....

EJERCICIOS

4. Lee la siguiente descripción de Amelia.
¿Os parecéis? Contrasta sus gustos con los tuyos.

Amelia

1. Le gusta ir a la playa en invierno.
   ....

2. Le gusta tener siempre flores en casa.
   ....

3. Le encanta escuchar música clásica.
   ....

4. Le encanta caminar descalza en casa.
   ....

5. Le gusta hablar con los animales.
   ....

6. Le encanta observar a desconocidos e imaginar sus vidas.
   ....

7. Le gusta ponerse colonia de hombre para salir.
   ....

8. Le gusta ver la televisión sin volumen.
   ....

5. Continúa estos diálogos.

1. A Hugo le gusta mucho la música brasileña.
   - ☺ Juan   *A mí también.*
   - ☹ Luisa   ....
   - ☹ Mercedes   ....

2. A mi prima le encanta dormir hasta tarde los domingos por la mañana.
   - ☹ Juan   ....
   - ☺ Luisa   ....
   - ☺ Mercedes   ....

3. A mis padres no les gusta nada la televisión.
   - ☹ Juan   ....
   - ☺ Luisa   ....
   - ☺ Mercedes   ....

4. A mí no me interesa mucho la política.
   - ☺ Juan   ....
   - ☹ Luisa   ....
   - ☹ Mercedes   ....

6. a. Subraya las irregularidades de estos verbos.

	parecerse	medir
(yo)	me parezco	mido
(tú)	te pareces	mides
(él/ella/usted)	se parece	mide
(nosotros/nosotras)	nos parecemos	medimos
(vosotros/vosotras)	os parecéis	medís
(ellos/ellas/ustedes)	se parecen	miden

b. Ahora, conjuga los verbos **conocer** y **vestirse**.

	conocer	vestirse
(yo)	....	....
(tú)	....	....
(él/ella/usted)	....	....
(nosotros/nosotras)	....	....
(vosotros/vosotras)	....	....
(ellos/ellas/ustedes)	....	....

7. Nuria se ha ido a estudiar a Madrid. Lee el *e-mail* que le escribe a un amigo y escribe el nombre de cada uno de los personajes en su lugar correspondiente.

> Hola Carlos:
>
> ¿Qué tal todo por ahí? Espero que bien. Yo estoy genial. En la foto que te envío puedes ver a mis mejores amigos de aquí. Rosa es la de las gafas, la morena de camisa blanca. Es muy simpática. La que tiene un vaso en la mano es Ana, la delegada de mi clase. El que está a su lado se llama Mario y es de Granada. El otro chico, el de la guitarra, es Alberto y la rubia que está a su lado es su novia, Carla. La verdad es que son todos estupendos. A ver si un día vienes de visita y los conoces en persona, ¿vale?
>
> Bueno, me voy a estudiar un rato.
>
> Besos,
>
> Nuria

8. Completa las siguientes frases con los posesivos adecuados: **mi / mis / tu / tus / su / sus**.

1. • Mira. Te presento a .... hermana, Pilar. Está aquí de vacaciones unos días.
   ○ Hola, ¿qué tal?

2. • ¿Cuándo es .... cumpleaños?
   ○ El 3 de mayo.
   • ¡Anda! ¡Eres tauro, como yo!

3. • ¿Qué vas a hacer este año por Navidad?
   ○ Pues nada especial: descansar y pasar más tiempo con .... amigos.

4. • ¿Entonces Antonio no viene a esquiar?
   ○ No. ¿No lo sabes? Es que .... novia está enferma y prefiere quedarse a cuidarla.

5. • ¿Cuáles son .... dos grupos de música favoritos?
   ○ Pues... U2 y Coldplay. ¿Y los tuyos?

9. Completa las frases con estas palabras.

abuelos   tío   suegros
sobrinas   cuñada   tía
primo   hermano

1. El hijo de mi tío es mi ....
2. La hermana de mi mujer es mi ....
3. El hijo de tus padres es tu ....
4. Los padres de nuestra madre son nuestros ....
5. El marido de su tía es su ....
6. Las hijas de mi hermano son mis ....
7. Los padres de tu marido son tus ....
8. La hermana de mi madre es mi ....

10. Relaciona cada pregunta con su respuesta.

1. ¿Quién es Juan?
2. ¿Cómo es tu prima?
3. ¿Quiénes son aquellos de azul?
4. ¿Qué lleva Penélope?
5. Aquella de negro, ¿quién es?
6. ¿Son los que están en la puerta?
7. ¿Quiénes son esas?
8. ¿Cómo es tu novio?
9. ¿Quién es tu madre?
10. ¿Y tú? ¿A quién te pareces?

a. Mis hermanos.
b. Alto, delgado, tiene los ojos verdes...
c. Sí, son ellos.
d. El de la chaqueta marrón.
e. Un vestido de piel marrón y unos zapatos de tacón.
f. Una compañera de la facultad.
g. Muy simpática.
h. ¿Las morenas? Mis hermanas.
i. A mi padre. Tenemos los mismos ojos.
j. Esa que está en la puerta.

EJERCICIOS

11. a. Escoge a tres de estas personas y descríbelas utilizando los verbos **ser**, **tener** y **llevar**.

PERSONAJE 1
Nombre: ....
Descripción: ....
....
....
....
....
....

PERSONAJE 2
Nombre: ....
Descripción: ....
....
....
....
....
....
....

PERSONAJE 3
Nombre: ....
Descripción: ....
....
....
....
....
....
....

b. Ahora lee tus descripciones a un compañero sin decir su nombre. ¿Sabe de quién se trata?

ADEMÁS... 5

EN LA RED

12. Estos son algunos de los festivales de cine y de música que se celebran en España. Escoge uno, busca información en internet y rellena la ficha.

Festival de Cine de San Sebastián
La Mar de Músicas
Festival Internacional de Benicàssim
Festival de Cine Español de Málaga

Nombre: ....
Tipo de festival: ....
....
¿Cuándo se celebra? ....
¿Dónde se celebra? ....
Artistas invitados / Actuaciones principales: ....
....
¿Te interesa? ¿Por qué? ....
....

TRUCOS PARA APRENDER PALABRAS

13. a. En esta unidad has aprendido a expresar tus gustos. ¿Puedes colocar estas expresiones en el gráfico según el grado de intensidad que expresan?

Me encanta **No me gusta nada** **Me gusta** **No me gusta mucho**

b. Ahora escribe frases sobre tus gustos. Coméntalos con tus compañeros e intenta encontrar a una persona con quien tienes tres cosas en común.

> ¿Sabías que visualizar palabras y expresiones te puede ayudar a recordarlas mejor? ¿Por qué no pruebas a hacerlo de vez en cuando?

treinta y cinco 35

ADEMÁS...

14. ¿Qué adjetivos recuerdas para describir el carácter? Escríbelos en esta tabla en la columna adecuada. En algunos casos a lo mejor hay diferentes opiniones, así que comenta después tus resultados con un compañero.

Adjetivos positivos	Adjetivos negativos	Adjetivos ni positivos ni negativos

TRUCOS PARA APRENDER GRAMÁTICA

15. a. Con el verbo **gustar** expresamos el efecto que nos produce algo. ¿Puedes decir qué persona o personas experimentan ese efecto en las siguientes frases? Marca en cada frase dónde está esa información.

1. Me gusta mucho el invierno ....

2. Nos encantan tus ideas. ....

3. ¿Te gusta bailar? ....

b. Ahora, traduce las frases anteriores al portugués. ¿Se construyen con un verbo que funciona de una manera "especial"? ¿Puedes expresar las mismas ideas de maneras diferentes?

Frase 1

Frase 2

Frase 3

Pensar en cómo funciona tu lengua te ayudará a entender cómo funcionan otras lenguas extranjeras.

DÍA A DÍA

1. Observa cómo se conjuga el verbo **dormir**. ¿Puedes conjugar ahora los verbos **volver** y **acostarse**? Recuerda que uno termina en **-er** y el otro en **-ar**.

	dormir	volver	acostarse
(yo)	duermo	....	....
(tú)	duermes	....	....
(él/ella/usted)	duerme	....	....
(nosotros/nosotras)	dormimos	....	....
(vosotros/vosotras)	dormís	....	....
(ellos/ellas/ustedes)	duermen	....	....

2. ¿Cuál es el Infinitivo de estos verbos?

tengo .... empieza ....
quiero .... prefieren ....
vuelve .... vas ....
pido .... salgo ....
pongo .... hago ....

3. Completa estas frases con **de, del, por, a** o **al**.

1. ¿Vamos .... cine?

2. Normalmente salgo con mis amigos .... la noche.

3. Mi avión sale .... las seis .... la tarde.

4. ¿Vas a casa .... mediodía?

5. .... la mañana no trabajo.

6. Muchas veces, los fines de semana vuelvo a casa .... las seis .... la mañana.

7. Normalmente como .... las dos .... mediodía.

8. Las clases empiezan .... las diez.

9. Siempre ceno .... las nueve.

10. No me gusta llegar tarde .... trabajo.

4. Completa el cuadro.

	levantarse	despertarse	vestirse
(yo)	me levanto	....	me visto
(tú)	te levantas	te despiertas	....
(él/ella/usted)	....	....	se viste
(nosotros/as)	....	nos despertamos	....
(vosotros/as)	os levantáis	....	os vestís
(ellos/as/ustedes)	....	se despiertan	....

5. ¿Qué haces normalmente...

1. los sábados por la mañana?

2. los domingos a mediodía?

3. los viernes por la noche?

4. los lunes por la mañana?

5. los jueves por la noche?

6. los martes por la tarde?

7. todos los días?

8. los fines de semana?

EJERCICIOS

6. Un amigo te dice estas frases. ¿Qué le respondes? Utiliza los elementos de las cajas. Habla también de tus costumbres.

> Yo también   Yo tampoco   A mí también   A mí no
> Yo no   Yo sí   A mí sí   A mí tampoco

1. Me gusta mucho dormir.
   A mí también. Normalmente, duermo 8 o 9 horas.

2. No voy nunca al teatro.
   ....
   ....

3. Me afeito/maquillo todos los días.
   ....
   ....

4. No me gusta el café.
   ....
   ....

5. Salgo de casa a las nueve de la mañana.
   ....
   ....

6. Normalmente vuelvo a casa a las siete de la tarde.
   ....
   ....

7. Me gusta estudiar por la noche.
   ....
   ....

8. Nunca veo la televisión.
   ....
   ....

9. Me ducho siempre antes de acostarme.
   ....
   ....

10. Me acuesto a las 12.
    ....
    ....

7. ¿Qué cosas crees que hacen estas mujeres los fines de semana? Escríbelo.

1. Antonia
Es muy trabajadora.

2. María José
Es muy presumida.

3. Carmen
Es muy juerguista.

4. Montse
Lleva una vida muy sana.

8. Completa los cuadros con las formas que faltan.

VERBOS REGULARES

-AR	-ER	-IR
desayunar	**beber**	**subir**
desayun**o**	....	....
....	beb**es**	sub**es**
....	....	....
....	....	....
....	beb**éis**	....
....	....	....

VERBOS IRREGULARES

O - UE	E - IE	E - I	1ª PERSONA
poder	**divertirse**	**seguir**	**poner**
p**ue**do	me div**ie**rto	s**i**go	....
....	....	....	pones
....	....	....	....
....	nos divertimos	....	....
....	....	seguís	....
....	....	....	....

9. a. Prepara una "agenda ideal". Piensa qué cosas te gustaría hacer y con qué frecuencia. Luego, diseña el horario.

Mañanas

Levantarme a las 11 todos los días.

Tardes

Noches

b. Al final, preparate para contar cómo es esta "agenda ideal" al resto de la clase. Ten en cuenta que necesitarás hablar de la frecuencia y deberás usar expresiones para hablar de las horas y para ordenar las diferentes acciones. Si quieres, puedes grabar tu intervención e incluirla en tu dossier.

Yo me levanto todos los días a las...

Un truco para practicar: ¿por qué no repasas tus acciones mentalmente al final del día? ¿Y las que quieres hacer al día siguiente? Por supuesto, ¡en español!

EJERCICIOS 6

10. Imagina que tienes que compartir habitación con Isabel durante un intercambio escolar. Ella te escribe este mensaje. ¿Puedes contestarle?

> Hola, ¿cómo estás?
>
> Ya sabes que para compartir habitación es importante llevarse bien y tener horarios compatibles. Quiero conocerte un poco: ¿cómo es un día normal para ti? ¿Cómo son tus hábitos? ¿Tienes un horario flexible? ¿Eres una persona muy metódica? ¿Haces las cosas siempre a la misma hora? ¿Comes y cenas siempre en casa?
>
> ¿Me escribes un mensaje y me lo cuentas?
> Gracias.
> Isabel

11. Una lectora de la revista *Vida fácil* escribe a la sección "Soluciones fáciles" para plantear un problema. ¿Qué le aconsejas tú?

> Comparto piso con mi mejor amiga, Rita. Nos llevamos muy bien y lo pasamos muy bien juntas.
>
> El problema es que Rita estudia música y toca la guitarra a todas horas, y yo no puedo estudiar.
>
> ¡Y lo peor es que ahora quiere aprender a tocar la batería! ¿Qué hago?
>
> Gracias, Eva.

> Querida Eva:
>
> ¿Por qué no... ?

12. Piensa en tus hábitos y clasifícalos.

buenos hábitos:	**malos hábitos:**

ADEMÁS... 6

EN LA RED

13. Vas a escoger una fotografía para cada premio de la actividad 12 de la unidad. Para buscar una imagen en la red puedes acudir a un banco de imágenes como Flickr (www.flickr.com) o a la sección de imágenes de buscadores como Google. Escribe una palabra relacionada con el premio al más sano, al más intelectual, etc., y escoge la fotografía que más te guste. Imprímela o guárdala en tu ordenador y regálasela al ganador del premio. Explícale por qué has escogido esa imagen. ¿Por qué no las exponéis todas en clase?

Relacionar palabras con imágenes, sonidos, sensaciones, etc. te puede ayudar a recordar y a integrar de manera más eficaz el vocabulario que aprendes en una nueva lengua.

TRUCOS PARA APRENDER PALABRAS

14. a. ¿Puedes relacionar estos adjetivos con su explicación?

1. Dormilón	Le encanta salir de noche.
2. Sano	Es una persona que trabaja mucho.
3. Vago	Come mucho, le encanta comer.
4. Juerguista	Cuida su salud: no fuma, no bebe y hace deporte.
5. Trabajador	Practica deportes.
6. Comilón	Duerme mucho.
7. Deportista	Hace las cosas a gran velocidad.
8. Rápido	No le gusta mucho trabajar.

b. ¿Conoces a personas así? Cuéntaselo a tu compañero.

¿Sabes por qué es útil este ejercicio? Porque a veces no conocemos una palabra, pero podemos explicar su significado como en este ejercicio y nuestro interlocutor nos entiende sin problemas. Recuérdalo cuando no encuentres la palabra que buscas en una conversación.

ADEMÁS...

TRUCOS PARA APRENDER GRAMÁTICA

15. Copia seis frases con verbos reflexivos que aparecen en esta unidad y escribe al lado de cada una el Infinitivo del verbo. Marca si tienen alguna irregularidad.

1.
2.
3.
4.
5.
6.

16. Completa este cuadro con todos los verbos irregulares que conoces hasta ahora.

e>ie	o>ue	e>i	1ª persona irregular	1ª persona irregular + cambio vocálico	completamente irregulares

> A lo largo del curso puedes ir ampliando un cuadro como este con nuevos ejemplos.

17. Completa estas frases con la preposición que falta.

No trabajo ☐ la mañana.

Acabo de trabajar ☐ las siete ☐ la tarde.

No trabajo ☐ mediodía.

☐ veces trabajo los sábados.

Comemos ☐ las dos ☐ punto.

> ¿Por qué no pruebas a hacer asociaciones para recordar la preposición que aparece en algunas expresiones? Pueden ser, por ejemplo, asociaciones visuales: escribir al lado de cada preposición las expresiones que recuerdes que la contienen; o usar tipos de letra diferentes para cada preposición y añadir expresiones según las vayas aprendiendo.

¡A COMER!

1. Haz una lista con todos los alimentos que conoces de cada uno de estos tipos.

Verduras

Carnes

Pescados y mariscos

Frutas

Bebidas

2. Usa los elementos siguientes para crear combinaciones posibles. Escríbelos debajo.

zumo de · atún · ensalada de · manzana · tarta de · bocadillo de · limón · queso · tortilla de · patata · sopa de · tomate · filete de · lomo · pollo · helado de

zumo de tomate

3. Relaciona las preguntas con las respuestas.

1. ¿Dónde están las naranjas?
2. ¿Cómo prefieres las fresas?
3. ¿Cómo haces la carne?
4. ¿Dónde compras el pollo?
5. ¿Cómo prefieres el salmón?
6. ¿Dónde está el jamón?
7. ¿Dónde compras los huevos?
8. ¿Cómo tomas el café?
9. ¡Qué galletas tan ricas!
10. No encuentro la sal.

a. Normalmente, a la plancha.
b. Siempre las como con nata.
c. Sin azúcar ni leche.
d. Los compro en el súper.
e. Lo compro en el súper.
f. Casi siempre lo como al vapor.
g. Las he puesto en la nevera.
h. Las he hecho yo.
i. La he dejado en el salón.
j. Lo he metido en el frigorífico.

1 ... 2 ... 3 ... 4 ... 5 ... 6 ... 7 ... 8 ... 9 ... 10 ...

4. a. ¿Quieres conocer a un cocinero muy famoso de la televisión? Lee este pequeño texto.

Karlos Arguiñano es un cocinero muy conocido en España y en Argentina gracias a sus programas de televisión. El cocinero vasco, que tiene su restaurante en Zarautz (Guipúzcoa), lleva en el mundo de la cocina desde los 17 años, pero su enorme éxito televisivo le ha dado la oportunidad de dedicarse a otras actividades, como escribir libros, abrir su propia escuela de cocina o incluso participar como actor en alguna que otra película.

Con una manera de comunicarse inconfundible, Arguiñano ha conquistado tanto a amas como a "amos" de casa y ha creado un nuevo estilo en la manera de hacer programas de cocina. Su fórmula consiste en explicar paso a paso platos sencillos con muchísima simpatía y naturalidad: cuenta chistes, anécdotas, canta... Igual que cualquiera que se encuentra en su casa cocinando tranquilamente.

b. Aquí tienes algunos trucos culinarios del famoso cocinero vasco. Complétalos con los pronombres de Objeto Directo (**lo**, **la**, **los**, **las**) que faltan en los espacios en blanco.

1. La sopa ....la..... prepara con caldo de pollo.
2. La lechuga .... limpia bien y .... mantiene sin aliñar hasta el momento de servirla.
3. Los champiñones .... prepara con cebolla, ajo y vino tinto.
4. El atún .... acompaña con mayonesa, cebolla picada y tomate.
5. Las patatas .... lava muy bien, ... envuelve en papel de aluminio y .... deja en el horno 30 minutos.
6. Los plátanos .... utiliza para preparar macedonias, batidos e incluso licores.
7. La paella .... cocina con marisco y pollo, y con un caldo muy concentrado.
8. Las fresas .... guarda en la nevera. Así duran de 5 a 6 días.
9. El café .... guarda en un recipiente de cristal o de porcelana y .... protege de la luz.
10. Las botellas de vino tinto .... destapa media hora antes de su consumo para ventilarlas un poco.

EJERCICIOS

5. Ya sabes que para hablar de los ingredientes de un plato usamos el verbo **llevar**. Piensa ahora en cuatro platos que conoces y descríbelos.

1. Nombre: ....

   Es ....

   y lleva ....

2. Nombre: ....

   Es ....

   y lleva ....

3. Nombre: ....

   Es ....

   y lleva ....

4. Nombre: ....

   Es ....

   y lleva ....

6. Aquí tienes unas preguntas. Marca si corresponden a las formas **tú / vosotros** o a las formas **usted / ustedes**.

Tú / Vosotros	Usted / Ustedes	
❏	❏	¿Tiene hora?
❏	❏	¿Trabajáis aquí?
❏	❏	¿Cuántos años tiene?
❏	❏	Señores Jiménez, ¿hablan inglés?
❏	❏	¿Qué desea?
❏	❏	¿Cómo tomas el té: con leche o con limón?
❏	❏	¿Qué desayunan normalmente?
❏	❏	¿Quiere cenar ahora?

7. Completa el diálogo con las siguientes palabras y expresiones.

otra agua   ¿Y de segundo?   La cuenta, por favor
de primero   con patatas   Una cerveza
lleva   macedonia   nos trae   para beber
un poco de   alguna cosa   sin gas

● Hola, buenos días.

○ Buenos días.

● ¿Ya lo saben?

○ Sí, mire, yo, ... quiero gazpacho.

■ ¿Qué .... la ensalada griega?

● Tomate, queso, aceitunas negras y ....
orégano.

■ Pues, para mí, una ensalada griega.

● Gazpacho y ensalada. Muy bien. ....

○ Para mí, bistec ....

■ Yo, merluza a la romana.

● Y, ¿qué les pongo ....?

○ .... para mí.

■ Yo quiero agua .... fría.

● Muy bien.

(...)

○ Perdone, ¿ .... un poco más de pan, por favor?

● Sí, ahora mismo.

■ Y ...., por favor.

(...)

● ¿Desean .... de postre?

○ ¿Qué hay?

● Hoy tenemos ...., yogur y flan.

○ Yo quiero un yogur.

■ Yo, flan.

(...)

○ ....

● Ahora mismo.

8. Completa los diálogos con los verbos **ir** / **venir** o **llevar** / **traer**.

1.
- Oiga, ¿me .... la cuenta, por favor?
- Ahora mismo se la ....

2.
- Oiga, ¿me .... la cuenta, por favor?
- Ahora mismo se la ....

3.
- Estoy en casa de Lucía ¿por qué no .... y jugamos a algo?
- Uy, ahora no puedo ....

4.
- Oye, Lucía, no sabemos qué hacer. ¿Podemos .... a tu casa?
- Sí, perfecto. Podéis .... ahora mismo.

9. Completa los diálogos con el adjetivo adecuado en femenino, masculino, singular o plural según corresponda.

| soso | dulce | ligero | picante | salado |

1.
- ¿Vamos al Capricho de Bombay? ¿Te gusta la comida india?
- Bueno, no sé... ¿No es todo muy ....?
- No, también hay platos a base de coco y almendras, que son bastante suaves.

2.
- ¡Tres cucharadas de azúcar! ¡Qué exagerada!
- Sí, es mucho, pero es que el café me gusta muy ....

3.
- ¿Qué quieres cenar?
- Pues no tengo mucha hambre, así que algo ....: una ensalada o una sopa.

4.
- ¿Quieres patatas? Están un poco ...., pero están buenísimas.
- No, gracias. Tengo prohibido comer cosas con mucha sal.

5.
- ¿Cómo están los macarrones? ¿No están un poco ....?
- No, para mí están perfectos. Me gusta comer con poca sal.

EJERCICIOS

10. Imagina que vuelves del supermercado y que has comprado todas estas cosas. ¿Dónde las pones: en el armario, en la nevera o en el congelador?

yogures, helado, lechuga, arroz, pasta, huevos, salchichas, patatas fritas congeladas, azúcar, chocolate, pescado, queso, cereales, leche fresca, guisantes congelados, sal

El azúcar lo pongo en el armario.

---

11. a. Escribe la primera persona de singular del Presente de estos verbos.

tener	(yo)	
venir	(yo)	
traer	(yo)	
poner	(yo)	
salir	(yo)	
hacer	(yo)	

b. Ahora, completa las siguientes frases con cada una de las formas anteriores.

1. ● ¡Qué buen día! Si quieres, ... unos bocadillos y nos vamos a comer al parque.

2. ● Hola, oye... ¿Y Juan, no viene?
   ○ No, ... sola, Juan está de viaje.

3. ● Son las 11, ¿salimos a tomar un café, Mariano?
   ○ Yo hoy no ...., ¡no .... tiempo para nada!
   ● Bueno, ¿te .... un café?
   ○ Sí, gracias. Con leche, por favor.

4. ● ¿................ los batidos en la nevera?
   ○ No, es que me gustan más del tiempo.

ADEMÁS...   7

EN LA RED

12. a. Rodilla es una cadena de comida rápida española. Escoge a un compañero con quien trabajar y ve a www.rodilla.es. Haced clic sobre la opción "Nuestros productos" y de acuerdo con vuestros gustos escoged:

– un sándwich frío y uno caliente (tomad nota de los ingredientes)

– un alimento frito

b. Ahora completa las fichas.

Mi menú Rodilla	**El menú Rodilla de mi compañero**
Sándwich frío: _____	Sándwich frío: _____
Lleva: _____	Lleva: _____
Sándwich caliente: _____	Sándwich caliente: _____
Lleva: _____	Lleva: _____
Frito: _____	Frito: _____

TRUCOS PARA APRENDER PALABRAS

13. Completa los cuadros con palabras y expresiones de esta unidad.

Comidas del día	Expresiones relacionadas con el restaurante

¡A COMER!

Bebidas	Platos del mundo hispano

> **R**elacionar las palabras te ayuda a aprenderlas mejor. Esta es una forma muy útil de trabajar el vocabulario de cada unidad. ¿Por qué no la aplicas también para otras unidades?

ADEMÁS... 7

TRUCOS PARA APRENDER GRAMÁTICA

14. Une las expresiones de la derecha con las de la izquierda para formar frases lógicas y completa la regla.

En Chile se preparan	el tango.
En Argentina se baila	empanadas.
En Perú se hablan	mucho pescado.
En España se come	varias lenguas.

Cuando queremos dar una información sin expresar quién realiza esa acción, utilizamos el pronombre .... con el verbo en la .... persona del singular o del plural. El verbo concuerda con el sustantivo al que se refiere: si el sustantivo es singular, el verbo debe aparecer en ....; si el sustantivo es plural, el verbo aparece en ....

15. Escribe cuatro preguntas usando esta estructura y házselas a un compañero. Anota sus respuestas y coméntalas después con el resto de la clase. Puedes preguntarle sobre qué cosas se hacen o cómo se hacen en su casa, su barrio, un lugar que conoce bien...

1. ....
2. ....
3. ....
4. ....

16. a. Estos son algunos de los platos preferidos de Lola. ¿Puedes completarlos con los artículos y las terminaciones de los adjetivos que faltan?

1. La carne asad...... de mi abuela.

2. ...... sushi (pescado crud...... con arroz).

3. ...... huevos frit...... con jamón.

4. ...... legumbres cocid........

5. ...... patatas guisad...... con chorizo.

6. ...... leche frit........

b. Ahora subraya la respuesta correcta:

El adjetivo y el artículo concuerdan con el sustantivo:

a) en género y número

b) solo en género

c) solo en número

c. Clasifica los adjetivos del apartado **a** y subraya las terminaciones. ¿Puedes añadir otros?

	Singular	Plural
Masculino	Frit<u>o</u>	
Femenino		

EL BARRIO IDEAL

1. Escoge la opción correcta en cada caso.

1. ● ¿Sabes si hay (1) .... supermercado por aquí cerca?
   ○ Sí, hay (2) .... en la esquina.

(1) a. Ø	(2) a. uno
b. uno	b. ninguna
c. un	c. algún

2. ● Perdona, ¿hay (3) .... farmacia por aquí?
   ○ Pues no, no hay (4) ....

(3) a. la	(4) a. una
b. alguno	b. ninguna
c. alguna	c. alguna

3. ● ¡No hay (5) .... cajero automático por aquí!
   ○ Claro que sí. Mira, en esa esquina hay (6) ....

(5) a. algún	(6) a. uno
b. ningún	b. un
c. uno	c. algún

4. ● Perdona, ¿sabes si hay (7) .... panadería por aquí cerca?
   ○ Uy, hay (8) ....

(7) a. la	(8) a. muchas
b. ninguna	b. ninguna
c. alguna	c. uno

5. ● ¿En este barrio no hay (9) .... droguería?
   ○ Sí, sí, hay (10) .... en la plaza, al lado del supermercado.

(9) a. la	(10) a. uno
b. ninguna	b. una
c. un	c. Ø

6. ● ¿Sabes si hay (11) .... quiosco por aquí cerca?
   ○ Pues me parece que no hay (12) ....

(11) a. Ø	(12) a. alguno
b. ninguno	b. ninguno
c. un	c. ningún

2. ¿En qué parte de la casa están normalmente estas cosas? Escríbelo. ¿Puedes añadir más cosas?

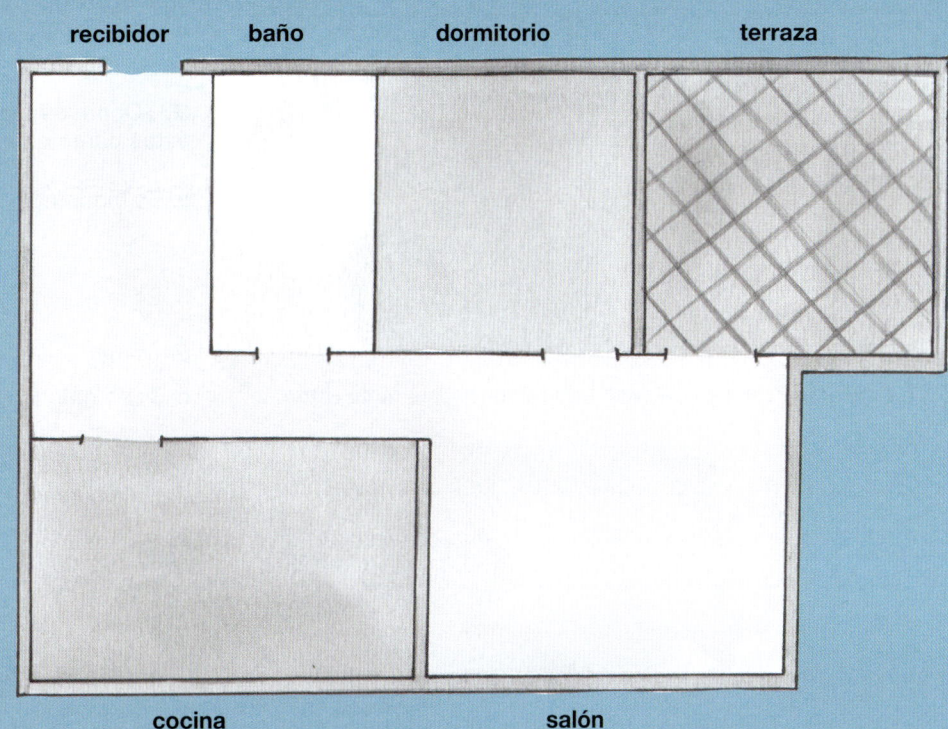

plantas, mesillas de noche, cafetera, cortinas, sillón, lavadora, lámpara, armario, mesa, cuadros, frigorífico, espejo, estantería, horno, bañera, televisión, equipo de música

recibidor — baño — dormitorio — terraza — cocina — salón

EJERCICIOS

3. Clasifica las palabras del ejercicio anterior en femeninas o masculinas. Añade el artículo indeterminado.

masculino	femenino
un sofá	una lámpara

4. Estas son las casas de Pepe y Julio. Escribe, al menos, cinco frases comparándolas.

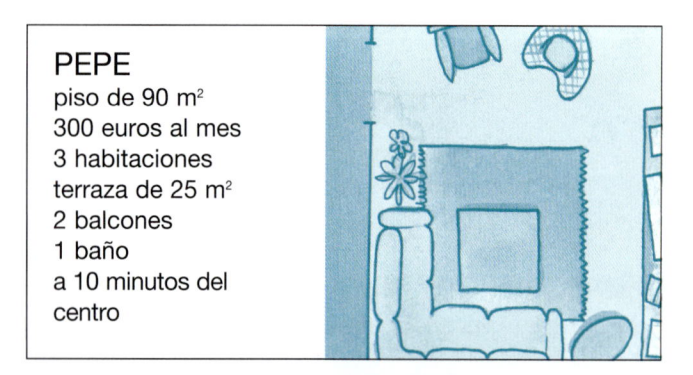

PEPE
piso de 90 m^2
300 euros al mes
3 habitaciones
terraza de 25 m^2
2 balcones
1 baño
a 10 minutos del centro

JULIO
ático de 100 m^2
1200 euros al mes
4 habitaciones
terraza de 20 m^2
2 balcones
2 baños
a 30 minutos del centro

La casa de Pepe tiene menos habitaciones que la de Julio.

....
....
....
....
....

5. Piensa en tu barrio y completa las siguientes ideas.

Mi barrio es un barrio ideal...

para ....

porque ....

....

para gente ....

porque ....

....

si te gusta/n / interesa/n ....

porque ....

....

Lo que más me gusta de mi barrio...

es ....

porque ....

....

Lo que menos me gusta de mi barrio...

es ....

porque ....

....

6. ¿Conoces algún barrio (de cualquier ciudad) con estas características? Escribe los nombres.

a. Es moderno y antiguo a la vez.
....

b. Es muy caro.
....

c. Tiene mucha vida tanto de día como de noche.
....

d. Hay mercados populares de artesanía.
....

e. Viven muchos artistas y hay muchas galerías de arte.
....

f. Por la noche se llena de estudiantes.
....

7. ¿Qué puedes hacer en estos lugares? Relaciona.

una oficina de Correos	comprar sellos
un teléfono público	hacer la compra
un gimnasio	ir a misa
un supermercado	hacer ejercicio
un cajero	enviar un paquete
una biblioteca	sacar dinero
una iglesia	llamar a alguien
un párking	buscar una información
un estanco	aparcar

8. Completa estas conversaciones con la preposición adecuada: **a, hasta, de, del, en** o **por**.

1. ● Perdone, ¿hay una gasolinera .... aquí cerca?
   ○ Sí, mire, hay una .... 200 metros, al final .... paseo marítimo.

2. ● Esta tarde voy a visitar a mis padres.
   ○ ¿No viven .... un pueblo?
   ● Sí, pero está solo .... 40 kilómetros. Se tarda treinta minutos .... coche.

3. ● ¿Un estanco, por favor?
   ○ Pues, creo que .... la próxima esquina hay uno.

4. ● Vamos .... taxi, ¿no?
   ○ No, vamos andando, está .... cinco minutos.

5. ● ¿Sabes si hay una oficina de correos cerca .... aquí?
   ○ Sí, hay una .... la Plaza del Rey; vas todo recto por esta calle, ... el final, y allí está la plaza.

9. a. Completa las dos columnas. Puede haber más de una opción en algunos casos.

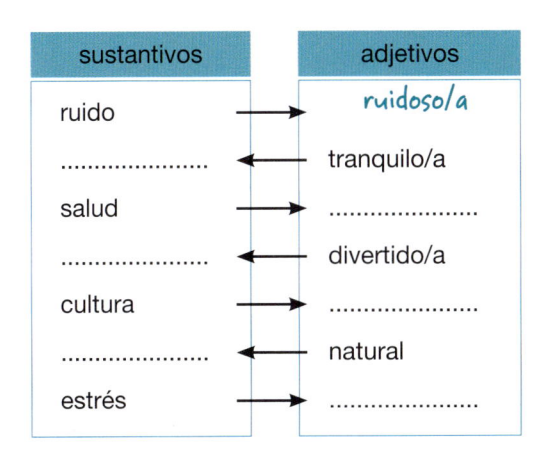

sustantivos	adjetivos
ruido	ruidoso/a
....	tranquilo/a
salud	....
....	divertido/a
cultura	....
....	natural
estrés	....

b. ¿Dónde prefieres vivir? ¿En un piso en el centro de la ciudad o en una casa en las afueras? Escribe al menos cinco razones. Las palabras del apartado anterior pueden serte útiles.

Prefiero vivir en .... porque

....

....

....

....

....

....

10. Imagina que vas a hacer un intercambio con una escuela española y tienes que describir cómo es tu casa.

Mi casa es...

EJERCICIOS

11. ¿Te acuerdas de Icaria? Completa los diferentes párrafos con las palabras necesarias en cada caso.

a. Completa con **es, son, está, hay** o **tiene**.

Icaria .... una ciudad con mucha historia. .... situada en la costa y no .... muy grande, pero .... moderna y dinámica. En Icaria .... cuatro grandes barrios. (...) El Barrio Sur .... el centro histórico. .... al lado del mar y .... una playa preciosa. .... un barrio bohemio, antiguo y con pocas comodidades, pero con mucho encanto. Las calles .... estrechas y .... muchos bares y discotecas.

b. Completa el segundo párrafo con sustantivos relacionados con el paisaje urbano.

El Barrio Norte es un barrio nuevo, elegante y bastante exclusivo. Está situado bastante lejos del centro y del mar. Hay muchos árboles y .... verdes. Las .... son anchas, no hay .... altos y casi todas las .... tienen jardín. En el barrio Norte hay pocas .... pero hay un .... comercial enorme, un polideportivo y un .... de tenis.

c. Completa esta parte con los siguientes cuantificadores: **mucho/a/os/as, bastante/s, poco/a/os/as** o **varios/as**.

El barrio Este es un barrio céntrico y .... elegante. Las calles son anchas y hay .... tiendas de todo tipo. También hay .... cines, teatros, restaurantes y .... galerías de arte. Hay, sin embargo, muy .... zonas verdes.

d. Completa este último párrafo con la conjunción adecuada: **y** o **pero**.

En el barrio Oeste no hay mucha oferta cultural .... hay tres mercados, varias escuelas .... muchas tiendas... Está un poco lejos del centro, ... está muy bien comunicado. Tiene un gran parque .... dos centros comerciales.

12. a. Fíjate en el dibujo y lee las frases. Di si son verdaderas o falsas y corrige las que sean falsas.

	V	F
1. El cine está a la izquierda de la escuela.	❑	❑
2. El gimnasio está al lado del banco.	❑	❑
3. El museo está lejos del restaurante.	❑	❑
4. El cine está en una esquina.	❑	❑
5. El metro está a la derecha del banco.	❑	❑
6. El metro está entre el cine y la escuela.	❑	❑
7. El restaurante está al lado del bar.	❑	❑
8. El hospital está a la izquierda de la biblioteca.	❑	❑
9. El mercado está lejos del museo.	❑	❑
10. El gimnasio y el banco están cerca de la calle Princesa.	❑	❑

b. Ahora, lee el nombre de las calles y escribe la abreviatura correspondiente.

Calle: ☐   Avenida: ☐

Paseo: ☐   Plaza: ☐

13. a. Lee el siguiente texto sobre el Feng Shui y fíjate en las palabras subrayadas. ¿Las conoces todas? Seguro que, si no las conoces, el contexto puede ayudarte a entenderlas. ¿Se te ocurre algún sinónimo para cada una de ellas?

FENG SHUI

Es esencial estar en armonía con nuestro espacio para alcanzar el bienestar dentro de nuestros hogares y lugares de trabajo. Con las teorías y técnicas del Feng Shui, podemos organizar nuestro entorno, crear un ambiente equilibrado e influir positivamente en todos los aspectos de nuestra vida. Por ello, a la hora de decorar las habitaciones, es importante tener en cuenta la orientación, las fuentes de energía y la ubicación de los muebles.

b. Te proponemos estos sinónimos. ¿A cuál de las palabras anteriores corresponde cada uno? ¿Has pensado los mismos?

| casa | espacio | atmósfera | equilibrio | localización |

c. Antes de leer el siguiente texto con más información sobre el Feng Shui, marca si crees que estas cuatro afirmaciones son verdaderas o falsas según las teorías del Feng Shui.

	V	F
Es bueno tener muchas plantas en el dormitorio.		
Es aconsejable poner velas encima de la mesa del comedor.		
Los espejos en las paredes son fuentes de energía negativa.		
Es bueno poner la cama debajo de una ventana.		

CONSEJOS PRÁCTICOS DE FENG SHUI

En el salón, la puerta y las ventanas deben estar en paredes perpendiculares. Así, la energía que entra por la puerta puede circular por toda la habitación y salir por la ventana. Los sillones y los sofás deben estar al lado de una pared y lejos de las puertas y ventanas.

El comedor no debe estar cerca de una corriente de energía; esto es malo para la digestión. Es bueno poner sobre la mesa flores y velas porque atraen energía positiva.

La cocina no debe estar cerca de un baño. No es conveniente guardar los artículos de limpieza en la cocina ya que pueden afectar la energía de los alimentos. Los tonos amarillos pálidos van muy bien en la cocina porque dan una sensación de limpieza.

El baño no debe estar enfrente de la puerta principal para evitar el choque de energía. Si el baño tiene ventana, esta no debe estar sobre el lavabo.

En los dormitorios siempre debe reinar la tranquilidad. La cama debe estar orientada hacia el norte y no debe estar debajo de una ventana porque la corriente puede afectar al cuerpo. No es bueno tener plantas ni flores en la habitación. Tampoco aparatos eléctricos que pueden afectar el sueño. Los espejos deben estar dentro de los armarios porque el reflejo que proyectan puede crear energía negativa.

Los pasillos deben estar despejados, sin muebles, ya que estos bloquean el paso de la energía.

d. ¿Crees que tu casa cumple las indicaciones del Feng Shui? Escribe en tu cuaderno los aspectos en los que sigue la teoría y aquellos en los que no.

Sigue algunas/muchas/(casi) todas las normas del Feng Shui porque...

No sigue (casi) ninguna norma/algunas normas del Feng Shui porque...

ADEMÁS...

EN LA RED

14. a. En el artículo PODER LATINO de la sección "Viajar" se habla de los latinos en Estados Unidos. Con un compañero, busca en el sitio de fotografías www.flickr.com dos imágenes: una debe representar un aspecto cultural de una de los países que se mencionan en el texto; y la otra, un aspecto cultural de Estados Unidos. Comentad luego vuestra elección con el resto de compañeros.

b. ¿Te sientes parte de varias culturas? ¿De cuáles? Busca imágenes en www.flickr.com que reflejen tu o tus culturas. Guarda las que más te gusten en tu ordenador para mostrárselas a tus compañeros y comentar con ellos por qué te gustan esas imágenes y qué idea dan sobre las culturas que has elegido.

TRUCOS PARA APRENDER PALABRAS

15. a. Completa los globos con palabras y expresiones que recuerdas de esta unidad.

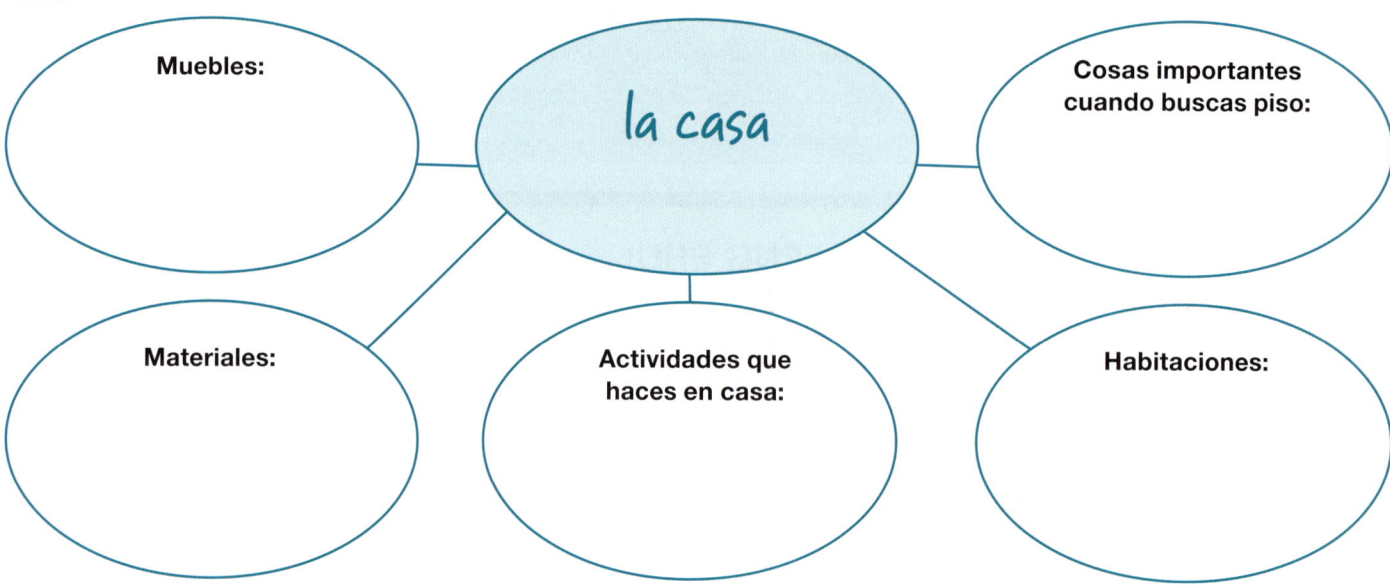

- Muebles:
- la casa
- Cosas importantes cuando buscas piso:
- Materiales:
- Actividades que haces en casa:
- Habitaciones:

b. Ahora escribe un texto breve en el que utilices al menos diez de estas palabras y expresiones: puedes hablar de tu casa, de una casa que conoces bien –la de un amigo o familiar– o de la casa de un personaje de ficción.

> **P**ara recordar el vocabulario es siempre conveniente relacionarlo con otras palabras y utilizarlo en la creación de textos escritos u orales.

....
....
....
....

TRUCOS PARA APRENDER GRAMÁTICA

16. a. ¿Cuál es la opción correcta en cada caso? Márcalo.

1. ○ ¿Hay **algún/alguno** cine en este barrio?

● Pues no, por aquí no hay **ningún/ninguno**.

2. ○ ¿Sabes si hay **un/uno** restaurante que se llama Casa Amparo por aquí cerca?

● Pues no, por esta zona no hay **ningún/ninguno** restaurante con ese nombre.

3. ○ Tengo una fiesta esta noche y no tengo ropa para ponerme.

● Hombre, aquí en el barrio hay varios centros comerciales. Seguro que en **algún/alguno** encuentras algo.

○ Ah, ¡es verdad!. Hay **un/uno** aquí al lado.

b. Ahora, marca cuál es el verbo adecuado en cada regla: ¿**sustituir** o **acompañar**?

Un, algún y ningún se usan para sustituir/acompañar a un sustantivo.	**Uno, alguno y ninguno** se usan para sustituir/acompañar a un sustantivo.

17. En esta unidad has visto muchas expresiones para informar acerca de dónde se encuentra un edificio o una persona. Intenta recordar qué expresiones se utilizan con la preposición **a** y cuáles con la preposición **en**. Y rellena esta tabla. Luego, puedes buscar en la unidad y anotar las que te faltan.

Está...	
A	**EN**
... a la derecha	... en la plaza

¿CÓMO VA TODO?

1. ¿A qué infinitivos corresponden estos gerundios irregulares?

GERUNDIO	INFINITIVO
oyendo ‹	....
cayendo ‹	....
leyendo ‹	....
construyendo ‹	....
durmiendo ‹	....
diciendo ‹	....
vistiéndose ‹	....
sintiendo ‹	....
yendo ‹	....
viniendo ‹	....

2. Escribe las formas de los verbos que faltan.

	(tú)	(vosotros)	(usted)	(ustedes)
saber	sabes	....	....	....
tener	....	tenéis	....	....
comprar	....	....	compra	....
vivir	vives	....	....	....
estar	....	....	....	están
ir	....	vais	....	....
ser	....	....	es	....
hacer	haces	....	....	....
querer	....	....	....	quieren
comprender	....	comprendéis	....	....

3. ¿Tú o usted?

	tú	usted
1. Deja, deja, ya pago yo.	❏	❏
2. ¿Me pones un café con leche, por favor?	❏	❏
3. Recuerdos a su familia.	❏	❏
4. Mira, te presento a Ana.	❏	❏
5. ¿Ocho euros? Tenga.	❏	❏
6. Buenos días. ¿Qué desea?	❏	❏

4. Lee este texto sobre las diferencias culturales relacionadas con la cortesía. Luego, marca si en tu cultura se hacen normalmente las cosas que aparecen en la lista de abajo. Puedes comentar cada uno de los puntos en tu cuaderno.

La cortesía

Aunque la cortesía es un elemento presente en todas las culturas del mundo, cuando salimos de nuestro país nos damos cuenta de las diferencias que existen en este aspecto. Vamos a ver algunos ejemplos.

En España se da menos las gracias que en Estados Unidos. En un bar, por ejemplo, un español no suele dar las gracias al camarero cuando este le sirve una consumición. En Estados Unidos, en cambio, es normal acabar una conversación telefónica diciendo "Gracias por llamar".

Otro ejemplo: el revisor de los ferrocarriles en Holanda intercambia cada día miles de "gracias" con los viajeros al recibir y entregar los billetes. En España, en cambio, los revisores suelen ahorrárselo.

Y algo muy curioso: algunas lenguas, como el botswana (lengua indígena del Sur de África), no tienen fórmulas lingüísticas para agradecer. Lo hacen mediante gestos.

Este tipo de diferencias puede dar lugar a malentendidos de tipo cultural. El comportamiento de los españoles, por ejemplo, puede parecer descortés a holandeses o a americanos, mientras que los españoles pueden pensar que los holandeses y los americanos son, en algunos casos, exageradamente corteses.

En mi país...	Sí	No
1. Cuando un camarero nos sirve una bebida, siempre damos las gracias.	❏	❏
2. Cuando alguien nos llama por teléfono, le damos las gracias al acabar la conversación.	❏	❏
3. Los revisores de tren siempre piden los billetes por favor y dan las gracias.	❏	❏
4. Cuando una madre le sirve la comida a su hijo, este le da las gracias.	❏	❏

5. Esta es una clase un poco especial. ¿Qué está haciendo cada persona? Escríbelo.

1. Vanessa se está pintando las uñas.
2. Mateo ....
3. Sam ....
4. Julia ....
5. Susana ....

6. Hans ....
7. John ....
8. Yuri ....
9. La profesora ....

6. Escríbele una postal a un amigo que no ves desde hace algunas semanas y cuéntale qué estás haciendo últimamente.

Querido/a .... :

EJERCICIOS

7. Lee estas frases y marca, en cada caso, en qué situación o con qué intención se dirían.

1. • **¿Me das** una hoja de papel?
   - ☐ a. Pensamos devolverla.
   - ☐ b. No pensamos devolverla.

2. • **¿Me pasas** el aceite?
   - ☐ a. Estás comiendo con unos amigos.
   - ☐ b. Estás comprando, hablas con un dependiente.

3. • **¿Me prestas** el diccionario?
   - ☐ a. El diccionario es de la otra persona.
   - ☐ b. El diccionario está cerca de la otra persona, pero no le pertenece.

4. • **¿Me pone** un café, por favor?
   - ☐ a. Pides un café en un bar.
   - ☐ b. Pides un café en casa de los padres de tu amigo/a.

5. • **¿Me dejas** la chaqueta de piel?
   - ☐ a. La chaqueta es de la otra persona.
   - ☐ b. La chaqueta es tuya.

6. • **¿Me traes** un poco de agua, por favor?
   - ☐ a. La persona se tiene que desplazar.
   - ☐ b. La persona no se tiene que desplazar.

7. • Buenos días. **¿Me da** una barra de pan y dos bollos?
   - ☐ a. Estás comprando en una tienda.
   - ☐ b. Estás pidiendo esas cosas gratis.

8. ¿Cómo le pedirías estas cosas a un compañero de clase? Clasifícalas en la columna correspondiente.

- un poco de agua
- tu chaqueta
- fuego
- la goma de borrar
- un bolígrafo
- un caramelo
- tu diccionario
- cinco euros

¿Me dejas...?	¿Me das...?

9. a. Completa estas frases.

- dejarme
- te importa si
- me pone
- puedo
- me dejas
- tienes

1. • ¡Disculpe! ¿ .... un cortado, por favor?
2. • ¿ .... pongo algo de música?
3. • Perdona, ¿puedes .... los apuntes de ayer?
4. • Oye, ¿ .... un momento tu moto? Es que...
5. • ¿ .... fuego?
6. • ¿ .... usar este ordenador?

b. ¿Dónde crees que están las personas que dicen las frases anteriores?

1. ....   4. ....
2. ....   5. ....
3. ....   6. ....

10. Responde a estas peticiones de un amigo. Piensa una respuesta afirmativa y otra negativa (con una excusa) para cada una de ellas.

1. • ¿Te importa si abro la ventana? ¡Hace un calor...!
   + ...
   – ....

2. • ¿Puedo usar tu teléfono un momento? Es solo una llamada local.
   + ...
   – ....

3. • ¿Me dejas tu diccionario?
   + ...
   – ....

4. • ¿Tienes un euro?
   + ...
   – ....

5. • ¿Puedo ponerme tu chaqueta? Tengo un frío...
   + ...
   – ....

6. • ¡Hola! Soy Carlos. Me abres y subo, ¿vale?
   + ...
   – ....

7. • ¡Me encantan estos caramelos! ¿Me das uno?
   + ...
   – ....

8. • ¿Te importa si me como el último chicle? Luego compro más, ¿vale?
   + ...
   – ....

ADEMÁS...

EN LA RED

11. Vamos a hacer una sección de "favoritos" para aprender español. Para ello vamos a seguir los siguientes pasos:

1. Repasa tus apuntes y todos los enlaces que has utilizado hasta ahora. Elige los tres que más te gustan.
2. Piensa además en uno o dos temas que te interesan y haz una búsqueda en internet para encontrar dos enlaces interesantes en español. Apúntalos.
3. Pide a cuatro compañeros que compartan contigo los enlaces que han apuntado. No olvides utilizar las expresiones que has visto en esta unidad.
4. Poned en común vuestros enlaces y elaborad una lista de vuestros veinte favoritos.

TRUCOS PARA APRENDER PALABRAS

12. a. Sin mirar el libro, escribe diez palabras que recuerdes de esta unidad.

1. ....
2. ....
3. ....
4. ....
5. ....
6. ....
7. ....
8. ....
9. ....
10. ....

b. Ahora fíjate en las palabras que has escrito y escribe al lado de cada una por qué crees que la recuerdas: porque es muy parecida a una de tu lengua, porque te gusta cómo suena, etc. ¿Hay algún motivo que se repita especialmente? Coméntalo con tu compañero.

c. En la siguiente tabla, marca con una X los trucos que mejor te funcionan para aprender vocabulario. Piensa no solo en tu experiencia con el español, sino en cómo has aprendido otras lenguas. Comenta luego tus resultados con tus compañeros y si descubres alguno nuevo, ¡no olvides añadirlo a tu lista!

Las palabras que mejor aprendo son...

- las que repito para mí mismo en voz baja o en alto,
- las que van acompañadas de una imagen,
- las que se parecen a palabras de otras lenguas que conozco,
- las que tengo que estudiar para un examen,
- las que aprendo en una canción o un poema,
- las que aprendo en grupo,
- las que me explican los demás,
- las que les explico yo a los demás,
- las que utilizo en frases,
- las que anoto en mi cuaderno de vocabulario,
- las que ordeno o clasifico de alguna forma.

ADEMÁS...

TRUCOS PARA APRENDER GRAMÁTICA

13. Esta es la pirámide de la formalidad. Escribe, en cada nivel de la pirámide, cuatro frases para expresar lo siguiente:

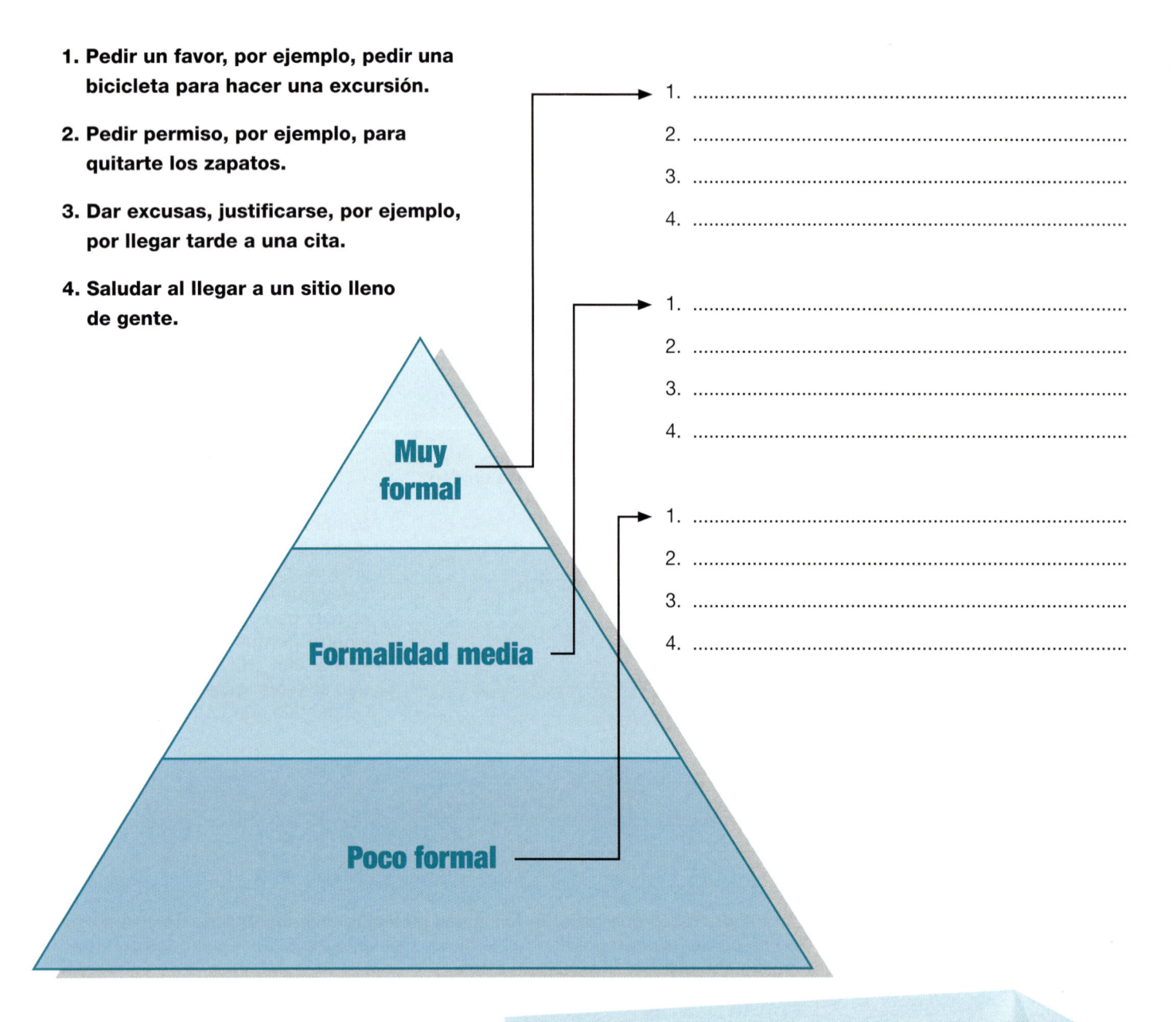

1. Pedir un favor, por ejemplo, pedir una bicicleta para hacer una excursión.

2. Pedir permiso, por ejemplo, para quitarte los zapatos.

3. Dar excusas, justificarse, por ejemplo, por llegar tarde a una cita.

4. Saludar al llegar a un sitio lleno de gente.

Muy formal
1. ....
2. ....
3. ....
4. ....

Formalidad media
1. ....
2. ....
3. ....
4. ....

Poco formal
1. ....
2. ....
3. ....
4. ....

Ordenar, visualizar, descubrir reglas gramaticales... todos estos trucos te ayudan a sistematizar mejor la gramática y a ir construyendo tu propio conocimiento gramatical. Eres tú quien debe decidir en cada caso qué estrategia prefieres usar. Al principio puede parecer que te da más trabajo, pero cuando te acostumbres lo harás de forma natural y aprenderás de forma mucho más eficaz y duradera.

GUÍA DEL OCIO

1. Escribe los participios de estos verbos.

escribir	_____	encontrar	_____	ser	_____	ir	_____
gustar	_____	ver	_____	comprar	_____	conocer	_____
hablar	_____	escuchar	_____	poner	_____	volver	_____
tener	_____	estar	_____	hacer	_____	decir	_____

2. Completa el cuadro con las formas que faltan.

	Presente de **haber**	+ Participio
(yo)	he	
(tú)	………..	
(él/ella/usted)	ha	estado
(nosotros/nosotras)	………..	tenido
(vosotros/vosotras)	………..	vivido
(ellos/ellas/ustedes)	………..	

3. Relaciona de la manera más lógica las frases de la izquierda con las explicaciones de la derecha.

1. Es un tenista muy bueno.
2. Conoce muchos países.
3. Tiene mucha experiencia como conductor.
4. Habla ruso perfectamente.
5. Es una escritora conocida.
6. Es un cocinero muy bueno.

a. Ha viajado mucho.
b. Ha trabajado en varios restaurantes importantes.
c. Ha escrito muchas novelas y obras de teatro.
d. Ha ganado muchos trofeos.
e. Ha sido taxista durante años.
f. Ha vivido en Moscú 10 años.

1 ☐ 2 ☐ 3 ☐ 4 ☐ 5 ☐ 6 ☐

4. ¿Qué dirías en cada una de estas situaciones?

1. A las dos un amigo te ha dicho: "Voy a comer". Ahora son las tres menos cuarto de la tarde. Tu amigo ha vuelto. ¿Qué le preguntas?

   ☐ a. ¿Ya has comido?
   ☐ b. ¿Has comido?

2. Un amigo al que no le gusta la pintura te dice que conoce la National Gallery de Londres. ¿Qué le dices?

   ☐ a. ¿Tú ya has estado en la National Gallery?
   ☐ b. ¿Tú has estado en la National Gallery?

3. No te gustan las películas de Almodóvar. Te preguntan: "¿Ya has visto la última película de Almodóvar?" Si tú no piensas ir, ¿qué respondes?

   ☐ a. No, no la he visto.
   ☐ b. No, todavía no la he visto.

4. Esta noche tienes una cena en tu casa. Un amigo se ofrece para ayudarte con las compras pero tú no necesitas ayuda. ¿Qué le dices?

   ☐ a. No, gracias. Ya lo he comprado todo.
   ☐ b. No, gracias. Lo he comprado todo.

5. Te encanta la pintura. En Madrid te preguntan: "¿Ya has visitado el Museo del Prado?" Si piensas ir, ¿qué respondes?

   ☐ a. No, no lo he visitado.
   ☐ b. No, todavía no.

EJERCICIOS

5. Lee estos tres anuncios de trabajo. ¿Cuál de estas tres profesiones crees que puede hacer mejor cada una de estas personas?

SE BUSCA maître en un restaurante de lujo en París.
1.

SE BUSCA responsable del turno de noche en una residencia de ancianos en Sevilla.
2.

SE BUSCA animador sociocultural en hotel en las Islas Canarias.
3.

Francisco Pérez
- Ha estudiado Periodismo.
- Ha vivido en Estados Unidos.
- Ha dado clases de español.
- Es muy comunicativo.
- Sabe cocinar.

Carolina Sánchez
- Ha estudiado Enología.
- Ha vivido en Suiza.
- Sabe hablar francés e italiano.
- Es muy elegante.
- Es muy sociable.

Arturo Ortega
- Ha estudiado Farmacia.
- Ha trabajado en una ONG en Mozambique.
- Es una persona tranquila.
- Sabe dar masajes.
- Sabe hablar francés e inglés.

6. Este es el estudio de Carolina de la Fuente. ¿Qué puedes decir sobre sus experiencias pasadas?

Ha viajado por todo el mundo...

7. Mira los anuncios de la actividad 1, Guía del Ocio. Busca al menos un lugar...

1. que está abierto los lunes a las 22 h:
2. que tiene precios especiales para estudiantes:
3. que los sábados abre a partir de las 21 h:
4. que tiene horario especial los sábados (abierto hasta más tarde que los otros días):
5. donde hay música en directo:
6. donde la entrada es siempre gratuita:
7. donde poder ver una película en sesión matinal:
8. donde no se puede pagar con tarjeta:
9. que ofrece dos exposiciones diferentes:

8. Los oyentes de un programa de radio han enviado sus propias preguntas para la entrevista que van a hacer a un cantante famoso. ¿Puedes escribirlas en su lugar correspondiente?

¿Has dicho muchas mentiras en tu vida?

¿Qué es lo más raro, lo más exótico, que has comido en tu vida?

De todos los lugares en los que has actuado, ¿dónde te has sentido más querido?

¿Has pensado alguna vez en cambiar de profesión?

¿Has sacrificado muchas cosas en tu vida para llegar a donde estás hoy?

1. ● Bien, ha llegado la hora de las preguntas de los oyentes. La primera: ....
....

○ Es verdad que he ido a muchos países y muy distintos, pero me he sentido bien en todos... Pero, si tengo que elegir, debo decir que los conciertos en Venezuela siempre han sido especiales...

2. ● Esta es una pregunta bien directa: ....
....

○ ¡Qué curiosos son los oyentes! No, mentir no; alguna vez, muy rara vez, he dicho una "verdad a medias"... Pero eso no es malo, ¿no?

3. ● Otro oyente pregunta: ....
....

○ Sí, claro... He pasado poco tiempo con mi familia...

4. ● ....
....

○ Sí, lo he pensado... Pero, ¿cuál?

5. ● Bueno, la última pregunta: ....
....

○ No sé... ¡Ah, sí! Un helado de pescado.

EJERCICIOS

9. Imagina que hace un mes una pitonisa pronosticó estos sucesos en tu vida. ¿Ha acertado?

1 Te veo con un micrófono en la mano... Hay público... ¿Es en un programa de televisión? ¿O es un concierto?

2 Veo preocupación en tu mirada; son problemas con alguien de tu familia...

3 Veo exámenes y veo muy buenos resultados, incluso alguna beca.

4 Ahora veo a un profesor... te mira intensamente... te va a llamar...

5 Te espera un mes muy activo y muy especial.

6 Veo que aparece una persona nueva en tu vida.

7 Veo una consulta de un médico. No sé de qué se trata, pero no es grave...

1. La pitonisa (no) ha acertado porque no he estado en ningún programa de televisión...

2. ....

3. ....

4. ....

5. ....

6. ....

7. ....

10. a. Vuelve a mirar el cuestionario de la actividad 3 de la unidad. Con un compañero, prepara un cuestionario parecido sobre uno de estos temas: ¿eres una persona maniática/responsable/divertida...? Primero, discutid qué preguntas necesitáis y luego completad esta plantilla con al menos seis preguntas.

b. Haz el cuestionario que has preparado a tres compañeros. Anota sus respuestas y, después, presenta tus resultados a la clase.

ADEMÁS... 10

EN LA RED

11. ¿Recuerdas la página de la Guía del Ocio? También hay una versión en la red: www.guiadelocio.com. Escoge una ciudad que te interese, visita su página de la Guía del Ocio e investiga las actividades que se pueden hacer el próximo fin de semana. ¿Son muchas? ¿Son interesantes? ¿Te gustaría pasar el fin de semana en esa ciudad? Coméntalo con tus compañeros justificando tu elección.

Ciudad	Actividades	Cuándo
Granada	Festival de cine del Mediterráneo	del día 5 al día...

He visto que en Granada hay un festival de cine del Mediterráneo. Parece interesante...

TRUCOS PARA APRENDER GRAMÁTICA

12. a. Conjuga los verbos entre paréntesis en Pretérito Perfecto.

1. Esta semana Adriana (estar) .... en Madrid.

2. Nunca (ir) .... en helicoptero, pero nos encantaría.

3. Enrique, ¿(hacer) .... alguna vez submarinismo?

4. ¡Los niños (saltar) .... por la ventana! ¡Son terribles!

5. Martina, ¿a qué hora (levantarse) .... hoy?

b. Traduce al portugués o a otro idioma las cinco frases y compáralas con el español. ¿Hay diferencias entre la formación del Pretérito Perfecto español y el tiempo equivalente?

Cuando aprendes un nuevo elemento de la gramática del español, puede ser útil compararlo con tu propia lengua u otra lengua que conozcas bien. De ese modo podrás ver en qué aspectos funciona igual y en cuáles lo hace de manera diferente.

ADEMÁS...

TRUCOS PARA APRENDER PALABRAS

13. a. Lee el siguiente párrafo. ¿Hay alguna cosa que te parece extraña? ¿Algo que "no funciona"? ¿Qué es?

> Si visitas Sevilla, debes saber que el casco antiguo de esta ciudad es el más grande de Europa. En él, es imprescindible visitar la Catedral, la mayor construcción religiosa de España, visitar la Giralda, visitar el barrio de Santa Cruz, visitar la Torre del Oro, visitar la calle Sierpes –el mejor lugar para ir de compras en Sevilla–, y visitar el parque de Maria Luisa y la plaza de España. No se puede dejar Sevilla sin visitar las áreas cercanas al río Guadalquivir y visitar Triana. Hay que visitar también el museo de Bellas Artes, que guarda algunas de las obras más importantes de Zurbarán y de Murillo.

> Cuando escribes un texto, evita la repetición de una misma palabra y de sus derivados. Puedes consultar el diccionario para buscar sinónimos o palabras más específicas para cada contexto.

b. Efectivamente, hay una palabra que se repite. Por esa razón, el texto resulta extraño y poco elegante. Sustituye esa palabra por estas otras o, simplemente, usa las comas (,) o el conector y. ¿Mejora así el texto?

cruzar	subir a	recorrer
perderse por	pasear por
dar un paseo por	observar

UNA VIDA DE PELÍCULA   11

1. Completa el cuadro con las formas verbales que faltan.

	estudiar	comer
(yo)	estudié	....
(tú)	....	comiste
(él/ella/usted)	estudió	....
(nosotros/nosotras)	....	comimos
(vosotros/vosotras)	estudiasteis	....
(ellos/ellas/ustedes)	....	comieron

	vivir	tener
(yo)	....	....
(tú)	....	tuviste
(él/ella/usted)	vivió	....
(nosotros/nosotras)	....	tuvimos
(vosotros/vosotras)	vivisteis	....
(ellos/ellas/ustedes)	....	tuvieron

2. Ordena cronológicamente las siguientes expresiones temporales.

- [ ] en 1975
- [ ] el año pasado
- [ ] hace una semana
- [ ] ayer
- [ ] a principios de los 80
- [ ] el verano pasado
- [ ] hace 4 años
- [ ] anteayer
- [ ] a mediados de los 50
- [ ] a finales del siglo pasado
- [ ] el fin de semana pasado

3. a. ¿De quién están hablando en cada caso?

1. Llegó a la isla La Española (actual República Dominicana) en 1492.
2. Recibió el premio Nobel de Literatura en 1982.
3. Vendió el estado de Alaska a los Estados Unidos en 1867.
4. Compraron la isla de Manhattan a los indios iroqueses por 60 florines.
5. Escribieron muchos cuentos infantiles (*Hansel y Gretel*, *Blancanieves*, etc.).
6. Perdieron la batalla de Trafalgar.
7. Tuvo seis mujeres.
8. Compusieron muchas canciones famosas: "Yesterday", "Let it be", "All you need is love", etc.

- [ ] Los españoles
- [ ] Los hermanos Grimm
- [ ] Enrique VIII
- [ ] Cristóbal Colón
- [ ] El zar Alejandro II
- [ ] Gabriel García Márquez
- [ ] Los Beatles
- [ ] Unos colonos holandeses

b. Marca las formas del Pretérito Indefinido de las frases anteriores y colócalas en el lugar correspondiente en el cuadro. ¿Puedes escribir el resto de formas?

PRETÉRITO INDEFINIDO

REGULARES			IRREGULARES
llegar	**vender**	**recibir**	**tener**
llegué	vendí	recibí	tuve
....	....	....	....
....	....	....	....
llegamos	vendimos	recibimos	tuvimos
....	....	....	....
....	....	....	....

comprar	**perder**	**escribir**	**componer**
....	....	....	....
compraste	perdiste	escribiste	compusiste
....	....	....	....
....	....	....	....
comprasteis	perdisteis	escribisteis	compusisteis
....	....	....	....

EJERCICIOS

4. a. Observa el Pretérito Indefinido del verbo **seguir**. ¿Puedes subrayar qué tiene de especial?

	seguir
(yo)	seguí
(tú)	seguiste
(él/ella/usted)	siguió
(nosotros/nosotras)	seguimos
(vosotros/vosotras)	seguisteis
(ellos/ellas/ustedes)	siguieron

b. Los verbos **pedir, conseguir, preferir, despedir** y **sentirse** tienen en el Pretérito Indefinido el mismo tipo de irregularidad que **seguir**. Completa los siguientes diálogos con la forma adecuada de cada uno de esos verbos.

1. • ¿Sabes? El otro día mi madre .... mal y la acompañé al hospital.
   ○ ¿Y ahora cómo está? ¿Mejor?

2. • ¿Es verdad que Alfred Hitchcock nunca .... un Oscar al mejor director?
   ○ Pues no sé, no estoy seguro.

3. • Hace dos semanas unas chicas me confundieron con Beckham y me .... un autógrafo.
   ○ ¡Vaya! ¿Y se lo firmaste?

4. • Al final no fuimos al parque con los niños. Es que (ellos) .... quedarse a ver una película en casa.

5. • La semana pasada .... a más de 50 trabajadores en una empresa de mi pueblo.
   ○ ¿De verdad? ¡Qué fuerte!

5. Lee el texto sobre Pedro Almodóvar de la actividad 2 y responde a las preguntas.

1. ¿Cuántos años tiene Pedro Almodóvar?
....

2. ¿Qué hizo en 1959?
....

3. ¿Cuándo se fue a Madrid?
....

4. ¿Fue a la Universidad?
....

5. ¿Por qué dejó su trabajo en Telefónica?
....

6. Además de trabajar como administrativo, ¿qué otros trabajos hizo antes de ser director de cine?
....

7. ¿Con qué película se hizo famoso en Estados Unidos?
....

8. ¿Cuántas películas hizo Almodóvar en los años 90?
....

6. ¿Puedes completar las frases con información sobre tu pasado?

1. Empecé a estudiar español ....
2. Hace un año ....
3. Viajé por primera vez a otro país ....
4. En 2004 ....
5. Nací en ....
6. Ayer ....
7. .... fue la última vez que fui a una fiesta.
8. La semana pasada ....
9. .... estuve enfermo/a.
10. El sábado pasado ....

7. a. Relaciona los elementos de las dos columnas para formar acciones posibles.

hacerse	de casa
	suerte
tener	un premio
	un romance
ganar	rico
	éxito
cambiar	de trabajo
	famoso
	una medalla

b. Ahora, inventa la biografía de una persona. Entre todos los acontecimientos tienen que aparecer, al menos, cinco de las expresiones del apartado **a**.

8. Completa las frases con **hace, desde, hasta, de, a, después** y **durante**.

1. Viví en Milán .... 1997 .... 1999.
2. Estudio español .... septiembre.
3. Encontré trabajo .... dos meses.
4. Trabajé como recepcionista .... enero .... julio de 2001.
5. El jueves jugamos al fútbol .... todo el recreo.
6. Terminé la carrera .... cuatro meses.
7. Te esperé en el bar .... las siete.
8. Salgo con Miriam .... enero.
9. En 2000 me fui a vivir a Italia, pero dos años .... volví a España.
10. La película gustó mucho. .... la proyección, no se escuchó ni un murmullo en la sala.
11. ¡Estoy cansado de hacer horas extra! Ayer me quedé en la oficina .... las diez de la noche.

9. Chavela Vargas es toda una leyenda de la canción mexicana. Lee su biografía y complétala conjugando en Pretérito Indefinido los verbos que están entre paréntesis.

CHAVELA VARGAS

(NACER) .... en Costa Rica en 1919, pero de muy niña (IRSE) .... a vivir a México con su familia. Desde muy pronto (SENTIRSE) .... atraída por la cultura indígena mexicana, (APRENDER) .... sus ritos y ceremonias, su lenguaje y (EMPEZAR) .... a vestirse como ellos. La primera vez que (ACTUAR) .... en público, lo (HACER) .... vestida con un poncho indígena. (EMPEZAR) .... a cantar en los años 50 de la mano de otro mito de la ranchera, José Alfredo Jiménez, y su popularidad (ALCANZAR) .... la cumbre en los años 60 y 70. En esos años, (MANTENER) .... una gran amistad con personajes como el escritor Juan Rulfo, el compositor Agustín Lara o los pintores Frida Kahlo y Diego Rivera, que la (CONSIDERAR) .... su musa. Era la época de las giras por el Teatro Olimpia de París, el Carnegie Hall de Nueva York y el Palacio de Bellas Artes de México, las fiestas y las grandes cantidades de tequila. A mediados de los 80, la cantante (CAER) .... en el alcoholismo y (PERMANECER) .... alejada de los escenarios durante 12 años. (REGRESAR) .... gracias al cine, de la mano del director español Pedro Almodóvar: (COLABORAR) .... en la bandas sonoras de las películas *Kika* y *Carne trémula*, e (HACER) .... una breve aparición en *La flor de mi secreto*. En 2002 (PUBLICARSE) .... su autobiografía, que se titula *Y si quieres saber de mi pasado*.

EJERCICIOS

10. ¿Quieres encontrar trabajo en un país de habla hispana? Escribe tu currículum en español.

DATOS PERSONALES
- Nombre: ....
- Apellido(s): ....
- Nombre: ....
- Pasaporte / D.N.I: ....
- Lugar y fecha de nacimiento: ....

FORMACIÓN ACADÉMICA
- .... - ....
- .... - ....
- .... - ....
- .... - ....
- .... - ....
- .... - ....

EXPECTATIVAS DE FUTURO
- .... - ....
- .... - ....
- .... - ....
- .... - ....
- .... - ....
- .... - ....

IDIOMAS
- Inglés: ....
- Francés: ....
- Alemán: ....
- Otros: ....

OTROS DATOS DE INTERÉS
- ....

---

11. a. Lee estos textos sobre dos personas famosas de Latinoamérica. ¿Puedes inventar un título para cada uno?

Leo Messi o Messi "la Pulga" (por sus problemas de crecimiento), nació en Rosario, Argentina, en 1987. Comenzó a jugar a los cinco años en el equipo de fútbol de su barrio. A los once años fue a vivir a España y entró en el equipo infantil del F.C. Barcelona, donde pronto destacó. En el año 2005 marcó su primer gol profesional, se convirtió en el jugador más famoso de la Copa Mundial de Fútbol Sub-20 y ganó el Balón y la Bota de Oro. En 2007, en un partido contra el Getafe en el Camp Nou, marcó un gol que recuerda al "Gol del Siglo" de Maradona, de 1986: evitó a cinco jugadores y al portero del equipo contrario. Ese mismo año fue elegido el mejor jugador joven de la Copa América.

Lila Downs nació en 1968 en Tlaxiaco, estado de Oaxaca, al sur de México. De padre estadounidense y madre india mixteca, comenzó su carrera a los ocho años como cantante de canciones mariachis. Estudió canto y Antropología social en las universidades de Minnesota y Oaxaca. En 1993, actuó en clubs de jazz de Filadelfia y Oaxaca, y al año siguiente grabó su primer trabajo *Ofrenda*, inspirado en los indios que emigran a los Estados Unidos para trabajar. En 1996, una de sus canciones ganó el premio otorgado por una emisora de radio de Filadelfia a la mejor composición de jazz latino. Lila canta en español, inglés y, además, en diversas lenguas indígenas mexicanas.

b. Ahora contesta a las preguntas.

1. ¿Por qué se compara a Leo Messi con Maradona?

2. ¿En qué año grabó Lila Downs su primer disco?

c. ¿Cuál de estos personajes te interesa más? ¿Por qué?

ADEMÁS... | 11

EN LA RED

12. En grupos de tres, vais a investigar sobre películas famosas del cine español y latinoamericano. Aquí os sugerimos algunas, pero podéis trabajar sobre otras que os interesen. Buscad información en internet y elaborad una ficha técnica sobre una de ellas. Podéis añadir fotografías, música, etc. Presentad al final vuestra película a la clase. ¿Qué película le interesa más a la clase? Haced una votación. ¿Por qué no la veis en clase?

El secreto de sus ojos

El laberinto del fauno

La celda 211

Mar adentro

Título: _____
Director: _____
Actores principales: _____
_____
Año de estreno: _____
Argumento: _____
_____
_____
Premios obtenidos: _____
_____

TRUCOS PARA APRENDER PALABRAS

13. a. Busca en la unidad palabras que empiecen con cada una de las letras de la palabra CINEMANÍA.

C ....
I ....
N ....
E ....
M ....
A ....
N ....
I ....
A ....

b. Luego busca el significado de seis de esas palabras en un diccionario monolingüe y apúntalo en tu cuaderno. Puede que algunas palabras tengan varios significados. Apunta solo aquel que crees que se ajusta al uso que aparece en el libro ¿Cómo se dice en tu lengua?

> Cuando utilices el diccionario, no te conformes con la primera definición que encuentres. Muchas palabras tienen diferentes significados. Conocer esos significados y saberlos intepretar es tan importante como aprender nuevas palabras.

ADEMÁS...

TRUCOS PARA APRENDER GRAMÁTICA

14. Todos estos verbos son irregulares en Indefinido, pero cada uno por una razón. ¿Puedes escribir sus irregularidades? Después, ¿puedes pensar otros verbos con las mismas irregularidades?

empezar	poder	ser	venir
empecé			

15. a. Subraya la opción correcta en cada caso.

1. ¿Te quedaste hasta el final de la fiesta?
   No. **Fui** / **me fui** un rato antes.

2. ¿Conoces el museo del Prado?
   Sí, **fui** / **me fui** hace unos meses.

b. ¿Puedes traducir **ir** e **irse** a tu lengua?

16. a. Fíjate en las expresiones en negrita de estas frases. ¿Los entiendes? ¿Cómo los traduces al portugués?

> El nuevo libro de Vargas Llosa **cuenta la historia de** un hombre que...
> La última entrega de *La guerra de las galaxias* se ha convertido en **la más taquillera** de la saga.
> El conocido escritor afirma que le gusta escribir **novela**, pero se considera un apasionado del **relato breve**.
> Este apasionante libro **narra las aventuras de** tres caballeros en la Francia medieval.
> El cortometraje **ganador del** primer premio en el Festival de Cine de Málaga **habla de** los problemas de dos jóvenes que...
> La última comedia del director mexicano Armando del Pozo ha sido **galardonada con** el premio especial del jurado en el festival de cine de San Sebastián.

b. Ahora, haz una breve descripción de tu libro y de tu película favoritos.

LIBRO
Título:
Escritor/a:
Descripción:

PELÍCULA
Título:
Director/a:
Descripción:

c. Vuelve a los textos de la página 64 y observa cómo se describe un disco. Luego, describe tus dos discos favoritos.

DISCO
Título:
Autor/a:
Descripción:

DISCO
Título:
Autor/a:
Descripción:

ANTES Y AHORA   12

1. Completa el cuadro con las formas del Pretérito Imperfecto.

	trabajar	hacer	salir
(yo)	trabajaba	....	....
(tú)	....	....	....
(él/ella/usted)	....	hacía	....
(nosotros/as)	....	....	....
(vosotros/as)	....	....	....
(ellos/ellas/ustedes)	....	....	salían

2. Observa estas dos imágenes de Fernando y descríbelas. ¿En qué cosas crees que ha cambiado?

antes   ahora

Antes Fernando vivía...

....
....
....
....
....
....
....
....
....
....

3. Piensa en alguien de tu familia: tu padre, tu abuela... Piensa dónde vivía cuando era joven, cómo era su casa, qué cosas hacía para pasarlo bien, cómo era la vida en aquella época... Luego, escribe un texto comparando vuestras vidas y explicando qué cosas te parecen mejores o peores.

4. Aquí tienes un fragmento de la biografía de un personaje muy conocido. ¿Quién es: Pablo Picasso, Antoni Gaudí o Gabriel García Márquez? Escríbelo debajo.

Nació el 25 de octubre de 1881 en Málaga. Su familia vivía modestamente y su padre era profesor de dibujo.

No le gustaba la escuela: *"Solo me interesaba cómo el profesor dibujaba los números en la pizarra. Yo únicamente copiaba las formas, el problema matemático no me importaba."*

Era tan mal estudiante que lo castigaban a menudo: lo metían en "el calabozo", un cuarto vacío en el que solo había un banco. *"Me gustaba ir allí porque llevaba mi cuaderno de dibujo y dibujaba. Allí estaba solo, nadie me molestaba y yo podía dibujar y dibujar y dibujar."*

Se trata de ....

EJERCICIOS

5. ¿Quién es tu personaje famoso favorito? ¿Sabes muchas cosas sobre su vida? Escribe un pequeño texto sobre cómo era su vida antes de ser famoso. Si no dispones de la información necesaria, seguro que en internet puedes averiguar muchas cosas.

6. Completa estas frases.

1. Los antiguos egipcios .... una escritura llamada "jeroglífica".

2. Los romanos .... latín.

3. Antes del descubrimiento de América, en Europa no .... patatas.

4. Los incas .... en grandes ciudades.

5. A principios del siglo xix el Imperio Turco .... enorme.

6. A principios del siglo xx las mujeres no .... votar en casi ningún país del mundo.

7. Durante el franquismo los partidos políticos .... prohibidos.

8. Antes, la gente .... más hijos que ahora.

9. En los años 50 la mayoría de españoles no .... coche.

10. En los años 70 Ibiza .... una isla tranquila.

11. Antes, los viajes entre Europa y América .... semanas.

12. Antes de la aparición de internet la gente .... más cartas que ahora.

7. ¿**Ya no** o **todavía**? Elige una de las dos formas y completa las frases según tu opinión.

1. Antes, viajar en avión era muy caro. En la actualidad ....

2. A finales del siglo xx China era el país más poblado del mundo. Hoy en día ....

3. A finales del siglo xx había muchas guerras en diferentes partes del mundo. Actualmente ....

4. Antes, las mujeres estaban discriminadas en muchos países. En la actualidad ....

5. Antes, en mi país se podía fumar en todos los sitios. Ahora ....

6. Antes, en España el deporte más popular era el fútbol. Ahora ....

8. Completa las frases con información sobre ti.

1. Antes ....

2. Ahora ....

3. A los seis años ....

4. De niño ....

5. Cuando tenía 12 años ....

9. a. ¿A qué situación de su pasado se refieren estas personas? Completa con una información posible.

1. Cuando ....,
por una parte estaba mejor porque no tenía que cocinar, ni hacía la compra, ni me preocupaba por las facturas, y además tenía la compañía de mi familia; pero, por otra parte, no tenía tanta libertad, debía seguir unas normas...

2. Cuando ....,
me podía hacer un montón de peinados diferentes pero era muy pesado tener que lavarlo tan a menudo; por eso me lo he cortado. Me da un poco de pena, pero estoy mucho más cómoda.

3. Cuando ....,
la gente era más puntual porque no podía avisar dos minutos antes de la cita de que iba a llegar tarde... En cambio, ahora, con una llamada para decir que hay un atasco o cualquier otra excusa, basta... ¡¡Pero la otra persona tiene que esperar igual!!

4. Cuando ....,
tenía más problemas para practicar deporte, me gastaba mucho dinero porque se me rompían muchas veces, ahora con las lentillas soy una persona nueva y, además, me gusta mucho más mi imagen.

5. Antes, cuando ....,
tenía que usar siempre el transporte público y luego caminar un buen rato para llegar al trabajo. ¡Tardaba casi una hora y media en llegar! Ahora, desde que me compré el 4x4, llego en veinte minutos.

b. Ahora, escribe sobre tu propia experiencia.

Antes, cuando no sabía nada de español, ...
....
....
....
....
....
....

10. Lee las siguientes opiniones. ¿Estás de acuerdo? Escribe tu opinión.

> Sí, es cierto...
> Bueno, eso depende de...
> Bueno, sí, pero...
> No estoy de acuerdo. Para mí...
> No sé, creo que...
> Estoy de acuerdo....

1. Leer cómics es una experiencia única. La gente que lee cómics es más interesante.
....
....
....
....

2. No puedes decir que te gusta la música si no te gusta la música clásica.
....
....
....
....

3. Antes, la gente tenía más hijos y las familias eran más felices. Hoy en día, en cambio, formar una familia no es tan importante... Pero sin hijos la vida no tiene tanto sentido.
....
....
....
....

11. ¿A qué se refiere cada texto? Escríbelo.

> Antes de su invención, los veranos eran terribles en muchos sitios: hacía un calor terrible en las casas, la gente dormía peor de noche en verano, muchas personas se quedaban en casa descansando por la tarde y viajar en coche o en tren en verano era muy duro.
>
> 1. ....

> Antes de su invención, era mucho más incómodo, por ejemplo, calentar un poco de leche: se tardaba más y se ensuciaba un perol. Ahora, en un minuto ya está lista en la misma taza en la que te la tomas.
>
> 2. ....

ADEMÁS...

EN LA RED

12. Esta es la última unidad de este nivel. Para continuar practicando tu español, ¿por qué no buscas a una persona con quien hacer un intercambio lingüístico? Busca en internet organizaciones o instituciones que promuevan este tipo de intercambios. Puedes hacer una búsqueda con las palabras "intercambio lingüístico", tándem, español-portugués, etc.

Cada vez más personas de todo el mundo hablan español, personas como tú, que no son españoles ni hispanoamericanos. A partir de ahora, piensa que puedes usar el español para hablar y comunicarte con otras personas de diferentes nacionalidades.

TRUCOS PARA APRENDER PALABRAS

13. a. Hemos llegado al final del libro. Repásalo, relee tus notas y escribe las palabras y expresiones que te parecen...

- más útiles: ....
....

- más divertidas: ....
....

- más extrañas o sorprendentes: ....
....

- más difíciles: ....
....

- más románticas: ....
....

- más (añade tú nuevas categorías) ....:
....

b. Ahora escribe un pequeño texto: usa al menos una palabra o expresión de cada una de las categorías anteriores.

Conocer una palabra significa saber usarla en contexto: no solo saber qué quiere decir sino también conocer quién la puede decir, a quién, cuándo, sobre qué...

TRUCOS PARA APRENDER GRAMÁTICA

14. En estas frases aparecen tres tiempos del pasado: Pretérito Perfecto, Pretérito Indefinido y Pretérito Imperfecto. Subraya cada uno con un color diferente y completa la tabla.

- **Hace poco** han abierto un restaurante nuevo al lado de casa. ¿Te apetece ir un día?

- Yo creo que **antes** cuando no existía la televisión, la gente leía más.

- Robert Taylor inventó internet **en la década de los 1960**, pero no sé en qué año exactamente.

- Oye, **ayer** vi en tu mesa el último CD de Astrud. ¿Es tuyo?

- ¿Dónde has estado **esta tarde**? He intentado llamarte al móvil, pero nada.

Tiempo verbal: Pretérito Perfecto

Ejemplo en las frases:

¿Con que tiempo verbal expresarías la misma idea en tu lengua?

Sustituye las palabras **en negrita** por otra expresión temporal, pero atención: el tiempo verbal utilizado debe continuar siendo el mismo.

Tiempo verbal: Pretérito Imperfecto

Ejemplo en las frases:

¿Con que tiempo verbal expresarías la misma idea en tu lengua?

Sustituye las palabras **en negrita** por otra expresión temporal, pero atención: el tiempo verbal utilizado debe continuar siendo el mismo.

Tiempo verbal: Pretérito Indefinido

Ejemplo en las frases:

¿Con que tiempo verbal expresarías la misma idea en tu lengua?

Sustituye las palabras **en negrita** por otra expresión temporal, pero atención: el tiempo verbal utilizado debe continuar siendo el mismo.

A lo largo del libro has aprendido a hacer hipótesis sobre las cuestiones gramaticales, a buscar por ti mismo las explicaciones de por qué usamos en español una forma u otra, a ordenar los elementos gramaticales en tablas, a sistematizarlos.... Estas estrategias te ayudarán en el futuro a aprender de manera más eficaz y más autónoma.

MÁS
CULTURA

- En esta sección encontrarás una pequeña antología de textos muy variados: artículos, reportajes, entrevistas, historietas, fragmentos literarios (poesía y novela), biografías, etc. Con ellos podrás acercarte a la cultura hispana y, al mismo tiempo, aprender español.

- Si te apetece, puedes leerlos por tu cuenta. A veces, sin embargo, el profesor los utilizará en las clases como material complementario de una unidad.

- Como verás, estos textos abordan elementos culturales como los valores, las costumbres y las convenciones sociales de los hispanohablantes, sin olvidar manifestaciones culturales como la literatura, la música, el cine, etc. y sus protagonistas.

- Ten en cuenta estas recomendaciones:

- Hemos querido incluir temas interesantes y textos auténticos. Es normal, pues, que te resulten un poco más difíciles que los textos de la unidad.

- Antes de leer un texto, observa los aspectos gráficos y las imágenes: trata de prever de qué trata y qué tipo de texto es.

- No te preocupes si encuentras palabras que no conoces. Trata de deducir su significado por el contexto. ¡Haz hipótesis antes de decidirte a consultar el diccionario!

- No intentes entenderlo absolutamente todo. Busca las ideas principales o aquella información que necesitas para resolver la actividad que te proponemos.

MÁS CULTURA

1. LOS NOMBRES EN ESPAÑOL

A. Lee los textos de las viñetas. ¿Qué puedes observar sobre la manera de utilizar los nombres y los tratamientos en español?

LOS NOMBRES DE FRANCISCO.
MANOY

- BUENOS DÍAS, SEÑOR MARTÍNEZ.
- BUENOS DÍAS, JUAN.

- HOLA, FRANCISCO.
- HOLA...

- ¡¡MARTÍNEZ!!

- ¿CON EL SEÑOR MARTÍNEZ ORTEGA, POR FAVOR?
- SÍ, ¿QUIÉN ES?

- FRANCISCO MARTÍNEZ ORTEGA...
- SÍ.

- ¡HOMBRE, PAQUITO! ¿CÓMO ANDAS?

- ¿QUIÉN ES?
- SOY YOOOOOOO.
- HOLA, "PICHURRI"...

B. Piensa en cómo te llaman a ti en las diferentes situaciones que se ven en el cómic. ¿Pasa lo mismo que en español?

C. Observa la siguiente ilustración y lee el texto para ampliar la información sobre los nombres en español.

HERMENEGILDO PEÑA RUIZ
MARÍA TERESA LÓPEZ CUESTA
RAÚL SANTOS HEREDIA
CONCEPCIÓN SOTO LINARES

RAÚL PEÑA LÓPEZ
EVA SANTOS SOTO
ÁLVARO PEÑA SANTOS

En la mayoría de países de habla española todo el mundo tiene dos apellidos, el primero del padre y el primero de la madre: García Márquez, López Garrido, Vargas Llosa… También es interesante saber que las mujeres casadas conservan su apellido, tanto en sus documentos (pasaporte, documento nacional de identidad, etc.) como en su vida profesional.

Otra cosa curiosa: normalmente, en la vida cotidiana, la gente usa solamente el primer apellido y en los documentos los dos. Pero la gente que tiene apellidos muy frecuentes (Pérez, López, Martínez…) en su vida profesional es conocida por los dos (López Vera, Pérez Reverte…) o incluso por el segundo (Lorca, por poner un ejemplo).

También son muy frecuentes los nombres de pila compuestos, como José Luis o Juan José. Pero, atención: José María es nombre de hombre y María José, de mujer.

D. ¿Qué sabes de estas personas? ¿Son hombres o mujeres? ¿Cuál es el apellido del padre y de la madre de cada uno?

> JUAN MARÍA ORDÓÑEZ VILA
> MARÍA VICTORIA RAMOS TORO
> ENCARNACIÓN RATO ÚBEDA

2. LOS NÚMEROS

A. Lee la letra de esta canción popular. ¿Existe alguna canción similar en tu lengua?

El uno es un soldado
haciendo la instrucción,
el dos es un patito
que está tomando el sol,
el tres una serpiente,
el cuatro una sillita,
el cinco es una oreja,
el seis una guindilla,
el siete es un bastón,
el ocho son las gafas
de mi tío Ramón.
El nueve es un globito
atado de un cordel,
el cero una pelota
para jugar con él.

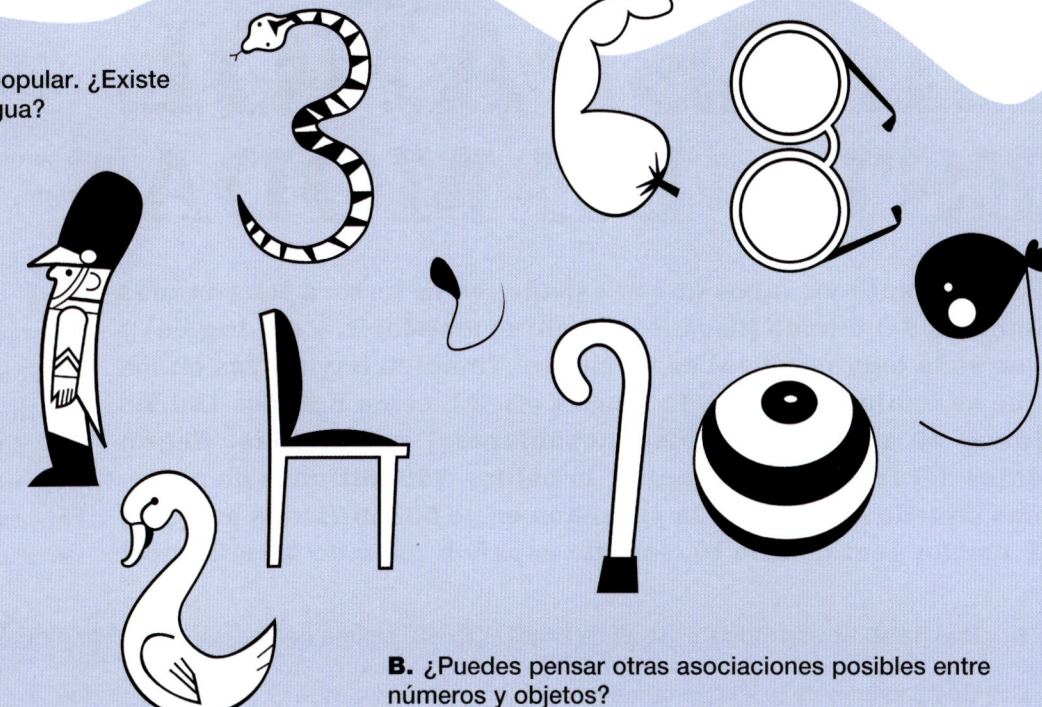

B. ¿Puedes pensar otras asociaciones posibles entre números y objetos?

ochenta y uno **81**

MÁS CULTURA

1. EL ESPAÑOL EN EL MUNDO

A. Lee el siguiente texto y fíjate en las palabras españolas que se usan en los diferentes países. ¿Sabes qué significan?

EL ESPAÑOL ESTÁ DE MODA

Seguramente ya sabes que el español es la tercera lengua más hablada del mundo (después del chino mandarín y del inglés) y que es la lengua oficial de 21 países. También hay países en los que se habla pero no es la lengua oficial, como Estados Unidos (unos 40 millones de hispanohablantes) o Filipinas. Según datos del Instituto Cervantes, lo hablan 356 millones de personas en todo el mundo y la previsión es de 538 millones en 2050. Y mucha gente, como tú, estudia español: ¡más de 40 millones!

Pero quizá no sabes que es la segunda lengua más usada en Internet, o la cuarta lengua mundial por la extensión del territorio donde se habla, o que hay muchas variantes locales, aunque sus hablantes se entienden sin dificultad.

La cultura hispana y el español están de moda en el mundo. De hecho, algunas palabras de la lengua española ya forman parte del habla cotidiana de muchos países. Las palabras con más éxito son las que se refieren a la gastronomía (**tortilla, paella, jamón**...) y otras como **siesta, fiesta, macho** o **amigo**.

En Estados Unidos, la expresión **hasta la vista** es muy popular gracias a la película Terminator 2 y es habitual oír **hola** y **adiós**. Y también se usa mucho la frase **mi casa es su casa**, como muestra de amistad. Muchos anglófonos usan también **aficionado** (en lugar del francés "amateur") y **gusto** para hablar del placer que algo nos produce.

El español está de moda en Grecia. Hay palabras incorporadas a la lengua, como **bravo**, pero también es frecuente escuchar **hola, adiós, nada, muchas gracias, saludos, fiesta, dónde estás, qué pasa**... ¡Y también **olé**!

Un caso curioso es el de Tel-Aviv, donde cada vez más jóvenes estudian y hablan español. ¡Y con acento argentino! ¿Cuál es la razón? En Israel las telenovelas argentinas, sobre todo las dirigidas a los adolescentes, son muy populares y se emiten en versión original con subtítulos.

B. ¿Qué palabras españolas se usan en Brasil? ¿Existe alguna palaba española "de moda"?

C. ¿Qué palabras de tu lengua crees que son conocidas en todo el mundo? ¿Por qué?

unidad 2

2. CULTURA EN ESPAÑOL

A. Aquí tienes algunos nombres destacados de la cultura hispana. ¿Puedes relacionarlos con sus profesiones?

Buñuel, Almodóvar, Fernando Trueba, Luis Puenzo, Alejandro Amenábar
Pau Casals, Daniel Baremboim, Jordi Savall
José Carreras, Montserrat Caballé, Plácido Domingo, José Cura, Mariola Cantarero
Julio Bocca, Alicia Alonso, Antonio Gades, Joaquín Cortés
Tàpies, Fernando Botero, Antonio Seguí, Frida Kahlo, Dalí, Miró, Picasso
Gaudí, Óscar Tusquets, Ricardo Bofill
María Félix, Javier Bardem, Cecilia Roth, Victoria Abril, Héctor Alterio, Penélope Cruz
Mariscal, Quino, Ibáñez, Horacio Altuna, Maitena, Guillermo Mordillo
García Márquez, Borges, Isabel Allende, Neruda, Javier Marías, Vargas Llosa
Alejandro Sanz, Calle 13, Julieta Venegas, Shakira, Ricky Martin, David Bisbal

**Directores de cine · Escritores
Arquitectos · Cantantes de pop
Bailarines · Pintores
Músicos clásicos · Actores
Dibujantes · Cantantes de ópera**

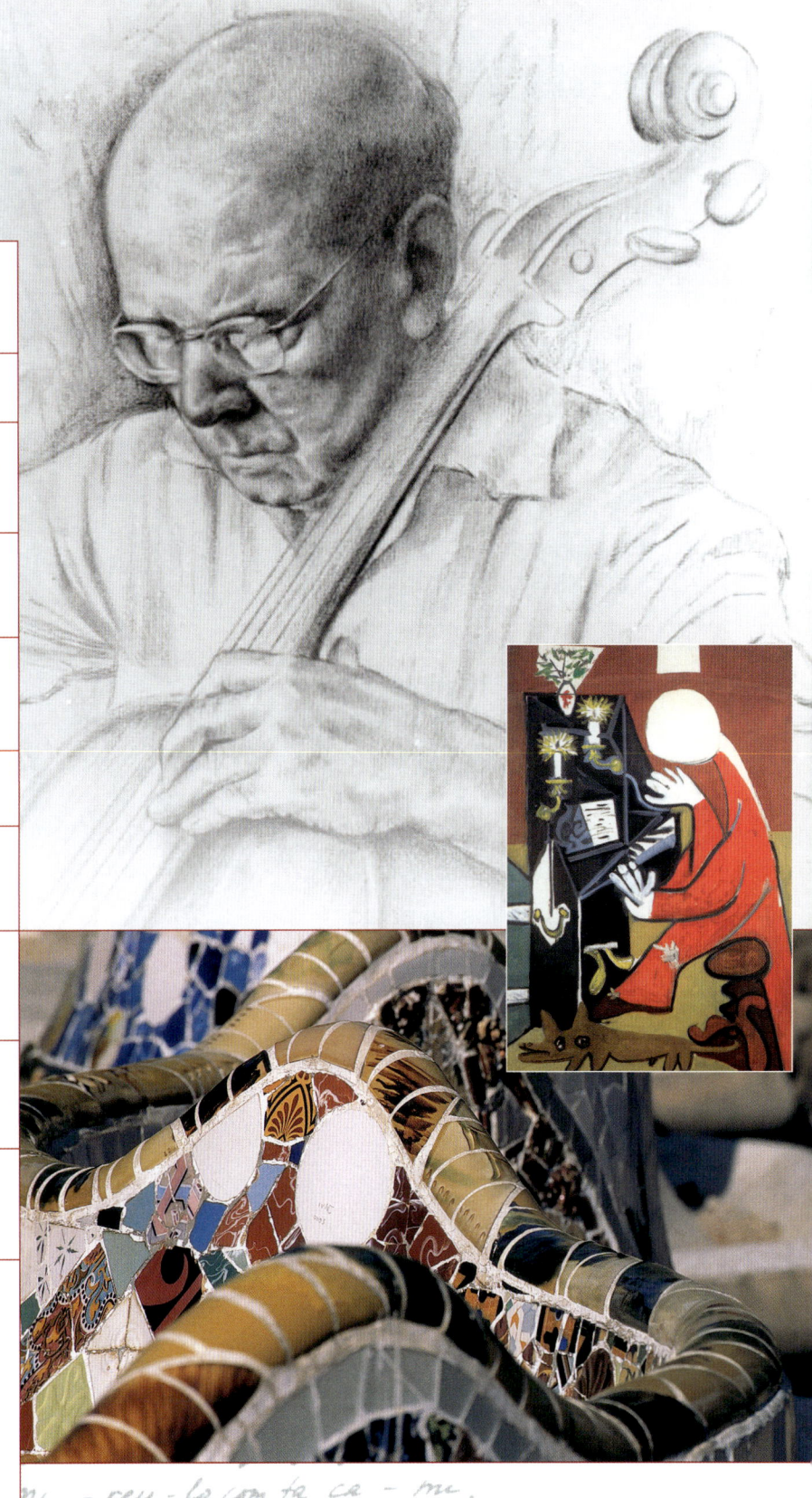

B. De muchos de los personajes solo aparece el apellido. ¿Por qué no intentas completar sus nombres? Seguro que en Internet encuentras información.

MÁS CULTURA

1. BOLIVIA

A. ¿Qué sabes de Bolivia? Intenta contestar al siguiente test.

1. Bolivia es un país...
- ☐ cálido
- ☐ frío
- ☐ con muchos climas diferentes

2. La base de la economía boliviana es...
- ☐ la pesca
- ☐ la minería
- ☐ la industria mecánica

3. La mayoría de los bolivianos habla...
- ☐ castellano
- ☐ inglés
- ☐ lenguas indígenas

4. El ekeko es...
- ☐ un hombre rico
- ☐ el dios de los aymaras
- ☐ un muñeco

5. ¿Cuál de las siguientes civilizaciones no se desarrolla en territorio boliviano?
- ☐ tiahuanacota
- ☐ aymara
- ☐ azteca

6. Una bebida típica de Bolivia es...
- ☐ el tequila
- ☐ la chicha
- ☐ el ron

7. El charango es...
- ☐ un instrumento musical
- ☐ un baile típico
- ☐ un menú típico boliviano

B. Ahora, lee la información sobre Bolivia y comprueba tus respuestas.

Bolivia es conocido como "el país del altiplano". Su sede de gobierno, La Paz, es la más alta del mundo, a 3600 metros de altitud. El lago Titicaca, considerado la cuna de la civilización inca, también está en Bolivia, a 3856 metros sobre el nivel del mar. Pero la mayor parte del país se encuentra en llanuras tropicales de escasa altitud. Es un país con grandes contrastes climáticos y con una gran riqueza natural.

Historia
Las primeras civilizaciones del Altiplano boliviano se desarrollan hacia el año 2000 a. C. Las culturas más importantes son la tiahuanacota y, más tarde, la aymara y la quechua, pertenecientes al Imperio Inca. En 1535 llegan los españoles, que mantienen su dominio durante tres siglos. En 1824 Antonio José de Sucre, lugarteniente de Simón Bolívar, logra la independencia en la batalla de Ayacucho. En agosto de 1825 el Alto Perú se convierte en la República Bolívar, que en octubre de ese mismo año pasa a llamarse República de Bolivia.

Economía
La economía boliviana se basa en la explotación de su riqueza mineral, agrícola y en la industria alimentaria. Es un país con ricas reservas de petróleo y gas natural. El turismo es también una de las principales fuentes de ingresos.

Música
El charango es un instrumento típico del altiplano. Tiene forma de pequeña guitarra y está hecho con el caparazón de una mulita.

Gastronomía
Son típicos los platos de carne acompañados de arroz, patatas y lechuga cocida. A veces se usa la llajhua (salsa caliente hecha con tomates y chiles) para condimentar los platos. Las bebidas más características son el vino, la cerveza y la chicha (aguardiente de maíz).

Lengua
La lengua oficial es el castellano, pero en realidad solo lo habla aproximadamente el 70% de la población, y muchas veces como segunda lengua. El resto de la población habla quechua, aymara u otras lenguas indígenas.

MÁS INFORMACIÓN
www.bolivianet.com/turismo
www.bolivia.com
www.boliviaweb.com
www.redboliviana.com

el ekeko
Es un muñequito bien vestido, cargado de objetos de lujo y billetes. Está siempre presente en un lugar destacado de las casas bolivianas y su función es atraer la riqueza, la abundancia, el amor, la virilidad y la fertilidad.

C. busca en internet imágenes de Bolivia que te parezcan interesantes. Guárdalas o imprímelas y preséntaselas a tus compañeros.

D. ¿Te interesa saber más sobre algún otro país de Latinoamérica? ¿Por qué no buscas información y elaboras una pequeña ficha sobre él?

MÁS CULTURA

1. MÁS DE 2000 TIENDAS EN TODO EL MUNDO

A. Hay algunas marcas españolas que están presentes en todo el mundo. Algunas de las marcas españolas más populares internacionalmente son las del grupo Inditex. Son marcas que ofrecen diseño y calidad a buen precio. Lee este artículo sobre Inditex y señala todas las marcas que conoces. ¿Existen en tu país?

HISTORIA

1975
ZARA abre su primera tienda de ropa en A Coruña (España).

1976
ZARA abre tiendas en otras ciudades de España.

1985
Creación de Inditex, nombre del grupo de empresas.

1988
En diciembre, Inditex inaugura la primera tienda ZARA fuera de España, en Oporto (Portugal).

1989-1990
Estados Unidos y Francia son los siguientes mercados en los que Inditex inicia su actividad con la apertura de tiendas en Nueva York (1989) y París (1990).

1991
Nace la cadena de tiendas de moda PULL&BEAR. Inditex compra el 65% de MASSIMO DUTTI.

1992-1994
Inditex continúa su expansión internacional: México en 1992, Grecia en 1993, y Bélgica y Suecia en 1994.

1995-1996
Inditex compra el 100% de MASSIMO DUTTI y abre nuevas tiendas en Malta y en Chipre.

1997
Inditex abre tiendas en Noruega y en Israel.

1998
Nace BERSHKA, cadena dirigida al público femenino más joven. Inditex abre nuevas tiendas en Japón, Turquía, Argentina, Emiratos Árabes, Venezuela, Líbano, Kuwait y Reino Unido.

1999
Inditex compra la cadena STRADIVARIUS y abre tiendas en Holanda, Alemania, Polonia, Arabia Saudí, Bahrein, Canadá, Brasil, Chile y Uruguay.

2000
Apertura de tiendas en Austria, Dinamarca, Qatar y Andorra. Inditex construye una espectacular sede central en Arteixo (A Coruña, España).

2001
Inditex empieza a cotizar en bolsa. El grupo se introduce en Puerto Rico, Jordania, Irlanda, Islandia, Luxemburgo, República Checa e Italia. Nace OYSHO, una cadena de tiendas dedicada a la lencería.

2002
Inditex continúa su imparable crecimiento. Se abren tiendas en Suiza, Finlandia, República Dominicana, El Salvador y Singapur. Nace KIDDY'S CLASS, nueva marca del grupo dedicada a la moda infantil.

2003
Se abren las primeras tiendas del grupo en cuatro nuevos países: Rusia, Malasia, Eslovenia y Eslovaquia. ZARA HOME, marca especializada en productos para el hogar y en cosmética, se convierte en el octavo formato comercial de Inditex.

2004
Se abren las primeras tiendas de Inditex en Estonia, Letonia, Lituania, Hungría, Marruecos, Hong-Kong, Rumanía y Panamá.

2005
Inditex abre sus primeras tiendas en Mónaco, Indonesia, Tailandia, Filipinas y Costa Rica.

2006
Serbia, China Continental y Túnez se unen a la lista de mercados donde Inditex tiene presencia.

2007
Zara Home pone en marcha la primera tienda online de Inditex. Dos nuevas plataformas logísticas –ubicadas en Meco (Madrid) y en Onzonilla (León)- comienzan su actividad. Zara inaugura en Florencia (Italia) su tienda número 1.000. Apertura de tiendas en cuatro nuevos países: Croacia, Colombia, Guatemala y Omán.

2008
Inditex abre su tienda número 4.000 en Tokio y alcanza presencia en 73 países tras la entrada en Corea, Ucrania, Montenegro, Honduras y Egipto.

2009
Inditex cierra un acuerdo con el Grupo Tata para abrir tiendas en India a partir de 2010. El Grupo abre sus primeras tiendas en Siria.

2010
Inditex abrió sus primeras en tiendas en Bulgaria, India y Kazajstán, alcanzando presencia en 77 países. El Grupo alcanzó las 5.000 tiendas con la apertura de una tienda Zara ejemplo de ecoeficiencia en el corazón del centro histórico de la ciudad de Roma (Italia). En septiembre, Zara comenzó a comercializar sus productos por internet y a cierre del ejercicio la tienda online estaba operativa en 16 países europeos.

B. Vuelve a leer el texto y completa el cuadro.

INDITEX EN NÚMEROS
Año de creación: ....
Número de marcas: ....
Número de países en los que está presente: ....
Número total de tiendas: 2181

C. ¿Conoces otras multinacionales españolas o de otros países de habla hispana?

unidad 4

2. POESÍA DE COLORES

A. ¿De qué color pueden ser estas cosas para ti?

- el amor
- una niña
- el cielo
- las estrellas
- la luna
- el viento

B. Ahora, lee los fragmentos de canciones de Federico García Lorca que tienes en esta página. ¿De qué color son las cosas anteriores para el poeta español?

C. ¿Qué fragmento te gusta más?

D. ¿Por qué no escribes tú ahora un pequeño poema inspirado en los colores? Pueba construcciones simples, como asociaciones directas entre palabras y colores.

FEDERICO GARCIA LORCA nace el 5 de junio de 1898 en Fuentevaqueros, provincia de Granada. En 1908 se traslada con su familia a Granada. En esa ciudad, Lorca empieza la carrera de Filosofía y Letras. En 1919 se traslada a la Residencia de Estudiantes de Madrid, donde coincide con Luis Buñuel y con Salvador Dalí. En Madrid empieza a escribir. Sus primeras obras literarias son el *Libro de poemas* y la obra de teatro *Mariana Pineda*. Cuando termina sus estudios en España, en 1929, Lorca viaja por Estados Unidos, donde estudia y da conferencias. Su producción de este periodo está recogida en el libro de poemas *Poeta en Nueva York*. Lorca también viaja a Cuba, donde termina la obra teatral *El público*. Cuando vuelve a España, pone en marcha el grupo de teatro ambulante "La Barraca", con el que consigue un gran éxito dentro y fuera de España. Reconocido en vida como uno de los mejores escritores jóvenes españoles, Lorca muere fusilado el 19 de agosto de 1936 por su vinculación con la República.

(...)

Sábado.
(Arcos azules. Brisa.)

Domingo.
(Mar con orillas. Metas.)

Sábado.
(Semilla estremecida.)

Domingo.
(Nuestro amor se pone amarillo)

La canción del colegial

(...)

Las torres fundidas
con la niebla fría,
¿cómo han de mirarnos
con tus ventanitas?

Cien luceros verdes
sobre el cielo verde,
no ven a cien torres
blancas, en la nieve.

(...)

Preludio

(...)

Ayer.
(Estrellas de fuego.)

Mañana.
(Estrellas moradas.)

Hoy
(Este corazón, ¡Dios mío!
¡Este corazón que salta!)

(...)

Canción con movimiento

En la luna negra
de los bandoleros,
cantan las espuelas.

Caballito negro.
¿Dónde llevas
tu jinete muerto?

(...)

Canción de jinete (1860)

(...)

Naranja y limón
(¡Ay, la niña del mal amor!)

Limón y naranja.
(¡Ay de la niña, de la niña blanca!)

Limón
(¡Cómo brillaba el sol!)

Naranja.
(¡En las chinas del agua!)

Árbol de la canción

Verde que te quiero verde.
Verde viento. Verdes ramas.
El barco sobre la mar
y el caballo en la montaña.

Romance sonámbulo

MÁS CULTURA

1. JAVIER BARDEM

A. ¿Sabes quién es Javier Bardem? Lee el siguiente texto si quieres conocer a una de las figuras más destacadas del cine español actual.

DATOS PERSONALES
Nombre real: Javier Ángel Encinas Bardem
Profesión: actor
Fecha de nacimiento: 1/5/1969
Lugar de nacimiento: Las Palmas de Gran Canaria, España

CÓMO ES
- Es un actor inconformista, muy autocrítico y exigente. Prepara sus papeles de forma meticulosa y es capaz de interpretar a personajes muy diferentes.
- Intenta mantener los pies en la tierra. Piensa que un actor tiene que poder observar y participar de la realidad y que la popularidad puede aislarlo.
- Le molesta aparecer demasiado en los medios de comunicación. Solo lo hace cuando tiene que promocionar alguna de sus películas.
- Un aspecto de su trabajo que le gusta especialmente es que le permite leer mucho y estar en contacto con culturas diferentes.
- No le gusta hablar de cine todo el día.

FILMOGRAFÍA
De entre sus más de treinta películas, destacamos los siguientes títulos: *Jamón Jamón* (Bigas Luna), 1992; *Huevos de oro* (Bigas Luna), 1994; *Boca a boca* (Manuel Gómez Pereira), 1995; *Carne trémula* (Pedro Almodóvar), 1997; *Entre las piernas* (M. G. Pereira), 1999; *Antes que anochezca* (Julián Schnabel), 2001; *Pasos de baile* (John Malkovich), 2002; *Los lunes al sol* (Fernando León de Aranoa), 2002; *Mar adentro* (Alejandro Amenábar), 2004; *Vicky Cristina Barcelona* (Woody Allen), 2008; *Biutiful* (González Iñárritu), 2010.

UNA CURIOSIDAD
Pertenece a una familia de actores y directores, y debuta en televisión a los cuatro años. Sin embargo, no hace cine hasta 1990. Hasta entonces, estudia pintura y se dedica a otras actividades, como el rugby o el dibujo publicitario.

SUS DIRECTORES DICEN DE ÉL

ALEJANDRO AMENÁBAR: "Es un actor con mayúsculas. [...] En un minuto te puede hacer de cinco personajes distintos. Creo firmemente que es uno de los grandes actores no solo de España, sino del mundo entero. Independientemente de su talento [...], lo que me ha sorprendido gratamente es su humanidad. Un tío con los pies en la tierra y con muchísimo sentido del humor. Es una persona que trae luz."

GERARDO VERA: "De Javier Bardem destaco el rigor y la capacidad de meterse en lo más profundo del personaje que interpreta. Es un actor [...] que va a lo esencial."

BIGAS LUNA: "Lo mejor es su fuerza física y la capacidad mimética que tiene con los personajes que hace. Es un actor capaz de interpretar con todo su cuerpo, y no solo con el rostro."

FERNANDO LEÓN: "Es una de las mejores personas que conozco. Es un tipo excelente, un buen amigo y una persona muy, muy noble. [...] Es un actorazo, una barbaridad, es un trabajador incansable. [...] Es un lujo."

ÁLEX DE LA IGLESIA: "Para mí es más importante mi amigo Javier Bardem que el actor. Lo que hay que reconocer es que, sin duda, es el mejor actor de este país."

B. Señala en el texto las palabras o expresiones que describen la manera de ser y de trabajar del actor español.

C. Con la información del texto y tus propias palabras haz una descripción de Javier.

unidad 5

2. LA MÚSICA DE FUSIÓN

A. ¿Qué crees que es la música de fusión?

B. Lee el siguiente texto. ¿Existe algo parecido a este fenómeno en el panorama musical de tu país?

> La **FUSIÓN** entre los ritmos locales y otros estilos musicales está presente en todos los países de habla hispana. El flamenco, el candombe o la milonga se fusionan con el pop, el rock, el jazz, el blues o incluso la música raï. Todo vale.

En España, en los años 70, el grupo **Triana** abre las puertas del flamenco a las sonoridades del rock y, en la década siguiente, **Pata Negra** hace lo mismo, pero esta vez con el blues. En los 90, grupos y artistas como **Ketama**, **Navajita Plateá** o **Kiko Veneno**, entre otros, siguen el mismo camino y consiguen acercar al flamenco a nuevos horizontes: jazz, bossa nova, música árabe, pop... Un poco más lejos de las raíces flamencas, encontramos actualmente a grupos como **Chambao**, que han conseguido triunfar con su fórmula particular que combina la tradición flamenca con música electrónica.

Las ganas de fusionar han dado lugar a un movimiento conocido actualmente como "mestizaje". Dentro de esta corriente se encuentran grupos que lo mezclan todo para encontrar su propia manera de expresarse.

Entre los más famosos están **Ojos de brujo**, con su fusión de flamenco y hip-hop, y **Macaco**, que fusionan hip-hop, pop, rock, bossa nova, ritmos africanos, jazz, etc.

En Latinoamérica, merecen especial atención el uruguayo **Jaime Roos**, que mezcla los ritmos propios de la murga, el candombe y la milonga con jazz, blues, rock y bossa nova, y el argentino **León Gieco**, que reinterpreta en clave de rock los ritmos folclóricos de Argentina. Una de las nuevas figuras es el colombiano **Carlos Vives**, que mezcla rock, vallenato, cumbia, son, baladas, ska... Por su parte, los cubanos **Orishas** se encargan de unir los ritmos de la isla con el hip-hop.

Ojos de brujo

Macaco

Orishas

MÁS CULTURA

1. ALGÚN AMOR

A. Lee los siguientes fragmentos de una novela de la escritora española Dulce Chacón y observa la portada del libro. ¿Cuál crees que es el tema de la novela?

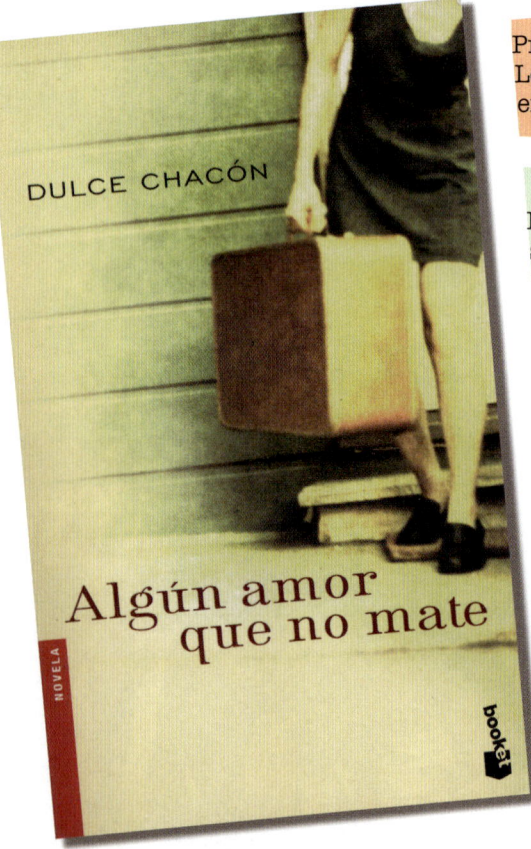

> Prudencia se levanta todos los días antes que su marido. Le prepara el desayuno y la ropa que va a ponerse, y luego enciende la radio... (...)

> Los maridos se quejan si sus mujeres engordan, si no se cuidan, y si les reciben en bata cuando llegan a casa. Hay que ver qué pintas tienes, hija, le dice su marido a Prudencia cuando la encuentra sin arreglar. Y es que es verdad, a veces está hecha una facha. (...)

> Prudencia se queja muchas veces de que su marido es de los que piensan que la mujer tiene que estar en casa, como una santa, haciéndoles la comida, eso sí, arregladitas. Ellos engordan y ellas tienen que mantener la línea. (...)

> Cuando hay que pedir amor todo está perdido. El amor no se pide, el amor se da.

B. Este es el argumento de la novela. ¿Confirma tus hipótesis?

Prudencia es una mujer maltratada por su marido. Se encuentra perdida entre sus sentimientos, la soledad y la progresiva anulación de su propia identidad. Pero, un día, Prudencia decide huir...

C. ¿Cómo se vive el tema de la novela en tu país?

D. ¿Quieres conocer a la autora de la novela? Aquí tienes una pequeña biografía.

DULCE CHACÓN nace en Zafra, provincia de Badajoz, en 1954, aunque a los doce años se traslada con su familia a Madrid. Escribe poesía (destacamos *Querrán ponerle nombre* y *Contra el desprestigio de la altura*) y novela: *Algún amor que no mate*, *Blanca vuela mañana*, *Háblame, musa, de aquel varón*, *Cielos de barro* y *La voz dormida*. También es autora de una obra teatral titulada *Segunda mano*. Dulce Chacón muere en diciembre de 2003, a los 39 años de edad, justo cuando su obra goza de un mayor reconocimiento.

unidad 6

2. RITMOS DE VIDA

A. Soledad (51 años) y Ezequiel (24) son madre e hijo. Pertenecen a una familia de clase media de Buenos Aires. Lee lo que nos cuentan sobre su rutina semanal. ¿Encuentras cosas sorprendentes desde el punto de vista de alguien de tu país?

EZEQUIEL

A mí no me gusta eso de vivir con papá y mamá, yo soy independiente. Trabajo en un banco, como cadete, o sea, hago todos los pequeños trabajos que nadie quiere hacer: hago fotocopias, llevo y traigo cosas, voy a la compra y a hacer trámites fuera, ¡hasta sirvo café! Trabajo de 8.30 a 5h de la tarde, de lunes a viernes. No paramos para comer: picamos algo en el trabajo (algunos se escapan a comer algo rápido, de pie, y regresan enseguida). Después del trabajo, muchos de mis compañeros van a un bar a tomar un café y un tostado, pero yo no puedo, tengo que ir a la facultad: estudio Antropología Social. Tengo clases de 8 a 10 y a veces también de 6 a 8h, y, además, tengo una asignatura los sábados por la mañana. A las 10h, después de clase, me reúno con mis compañeros en el café frente a la facultad: estudiamos (siempre estudiamos en los cafés), criticamos a los profesores y "arreglamos" el mundo entre tazas de café hasta pasada la medianoche. Cuando vuelvo a casa, como lo que encuentro (mi madre me deja comida aunque yo le digo que no) y estudio un par de horas. Los sábados, después de clase, hago la compra, voy al club a nadar un rato y por la noche me encuentro con mis amigos. Muchos jóvenes van a discotecas o a bares de copas, pero nosotros preferimos ir a una cinemateca o quedar en una casa para cocinar algo entre todos, conversar, tocar la guitarra o jugar juegos de mesa hasta el amanecer. Cuando tenemos dinero (muy raramente) vamos a algún recital o al cine y después a comer una pizza o "nos instalamos" en un café durante horas. ¿Cuándo duermo? Los domingos, claro, hasta las 5h de la tarde por lo menos. Luego, limpio un poco la casa. En época de exámenes, mis amigos vienen a estudiar aquí conmigo.

SOLEDAD

Mi rutina diaria... ¡Ufff! Me levanto a las seis, con mis hijas, Yamila y Andrea, que entran al cole a las siete... Andrea tiene trece años, así que todavía nos quedan cuatro años de madrugar. Cuando se van, preparo la ropa y el desayuno de Osvaldo, mi marido, y recojo un poco la casa. A las 8h me quedo sola, hago la compra, preparo la comida para el mediodía y, dos veces por semana, voy al gimnasio. A veces paso por la casa de mi hijo, que vive solo, y le dejo un táper con comida y limpio un poco su casa. ¡Es un desastre! No entiendo por qué no se queda en casa con nosotros... A las dos llegan las niñas y mi padre. Almorzamos juntos los cuatro, lavo los platos, me arreglo y luego me voy a trabajar: soy profesora de inglés en una academia y trabajo de 5 a 9. Papá se queda con Andrea y la ayuda con los deberes hasta que mi marido vuelve del trabajo. Vuelvo a casa a las 10h y comemos los cuatro juntos (Osvaldo y Yamila preparan la cena). Normalmente vemos la tele cuando comemos. Después, corrijo las tareas de mis alumnos y preparo las clases del día siguiente. Duermo muy poco, unas cinco horas diarias. Pero no puedo hacer otra cosa: la vida está dura, y con dos hijas adolescentes... Por suerte Osvaldo y papá me ayudan. Los sábados por la mañana tengo algunas clases privadas. Luego juego al tenis con Osvaldo y otra pareja. Por la tarde vamos al súper y por la noche solemos quedar con amigos. Los domingos son para limpiar la casa y reponer fuerzas, aunque si el día está muy bueno a veces vamos los tres a almorzar en un restaurante de la costanera o a casa de mi hermano Daniel, que vive en las afueras y hace unos asados buenísimos. Yamila ya tiene 17 años y no quiere venir con nosotros. Dice que somos "un plomo"...

B. Marca en los dos textos las estructuras o expresiones que te pueden servir para hablar de tu propia rutina. Con ellas, escribe un texto sobre tu día a día.

MÁS CULTURA

1. CHOCLO, PANIZO, MAÍZ

A. ¿Sabes a qué se refieren las palabras choclo, panizo y maíz?

B. ¿Qué sabes sobre el maíz? ¿Se consume mucho en tu país? ¿De qué formas? ¿Está presente en tu dieta?

C. Lee el siguiente texto si quieres saber más sobre este cereal.

LOS HIJOS DEL MAÍZ

Cuando los españoles llegaron a América, se encontraron con una planta cultivada a lo largo de casi todo el continente: el maíz. Lo que seguramente nunca pensaron fue que el maíz sería para la humanidad la más importante de las riquezas que ofrecían los nuevos territorios.

Pero, además de su importancia en la alimentación mundial, el maíz tiene otra dimensión especial en el continente americano: es un vínculo entre los diferentes países y llega a ser considerado milagroso en algunos lugares, donde se utiliza en diversas celebraciones religiosas y en la medicina popular.

Este cereal forma parte de la mitología de los pueblos precolombinos. Según consta en el *Popol Vuh*, el libro sagrado de los mayas, los animales informaron a los dioses de la existencia de un lugar en el que había muchos alimentos: el maíz blanco y el amarillo, el cacao, la miel y muchos otros. Los dioses se reunieron para decidir cómo crear a los seres humanos y decidieron emplear para ello únicamente masa de maíz.

Leyendas aparte, hoy sabemos que el maíz, tal y como lo conocemos actualmente, no es una planta en su estado natural, sino que sino que se trata del resultado de los experimentos de pueblos centroamericanos, que alrededor del 7000 a. C. lograron la variedad actual (*Zea mays*).

El cultivo del maíz está extendido por todo el continente americano, pero es en Centroamérica donde su presencia en la vida de las personas se hace más evidente. El caso más llamativo es quizás el de Nicaragua, donde el maíz tiene incluso su propia deidad: Xilochem, la "diosa del maíz tierno".

Además de las tortillas y de las mazorcas asadas que se venden en la calle, en Nicaragua podemos encontrar infinidad de platos y dulces hechos a base de maíz: tamales, atol, pinol, perrerreque y muchos más. Con el maíz también se hacen bebidas, como la chicha, el pinolillo, la cususa y el pozol, entre otros. El 60% de la población del país consume a diario maíz en forma de tortillas.

D. ¿Qué cosas en común con tu cultura encuentras?

unidad 7

E. Lee el siguiente texto y descubre otros usos del maíz, ¿los conocías?

MAÍZ A TODAS HORAS DEL DÍA

Hay más de 3500 usos diferentes para los productos obtenidos del maíz y cada día se descubren nuevas aplicaciones. La enorme presencia de esta planta y de sus derivados en nuestras vidas resulta sorprendente.

POR LA MAÑANA

El maíz nos acompaña desde que nos levantamos. Muchos jabones, geles, cosméticos y cremas de afeitar incluyen derivados del maíz en su composición. A la hora del desayuno, los famosos copos de maíz son los protagonistas en muchísimos hogares. Los que prefieren las clásicas tostadas con mantequilla y mermelada tampoco se libran: el pan de molde puede contener elementos extraídos del maíz y la margarina también puede estar hecha a partir de esta planta. Si la elección es un croissant, hay que saber que las levaduras que se utilizan en su elaboración provienen del maíz.

A TRABAJAR

Las personas que van a trabajar en coche o en autobús están rodeadas de maíz: la batería, las bujías, los neumáticos y muchos acabados sintéticos incluyen en su composición derivados químicos de este cereal. Ya en clase o en el trabajo, son muchos los materiales que seguramente han sido tratados con alguno de sus derivados: papel, cartón, madera, adhesivos, tinta, tejidos…

AL MEDIODÍA

Podemos encontrar maíz en el aceite, en las verduras en conserva, en la mostaza, en la mayonesa, en el ketchup, en los derivados lácteos, en los congelados… También, de manera indirecta, en la carne y en los huevos que consumimos, ya que estos proceden con frecuencia de ganado alimentado con compuestos que incluyen maíz en un elevado porcentaje. De los productos que podemos encontrar en una tienda de alimentación, al menos una cuarta parte lleva maíz en su composición.

A LA HORA DE LA MERIENDA

Casi todas las bebidas con gas utilizan edulcorantes obtenidos del maíz. Incluso en las cervezas sin alcohol se ha sustituido el almidón extraído de la cebada por el del maíz para conseguir fórmulas más ligeras. Las golosinas de los niños también llevan maíz: caramelos, chocolate, regaliz, chicles, patatas fritas…

POR LA NOCHE

Si hoy nos apetece pizza, no podemos olvidar el almidón de maíz en la salsa de tomate y la harina de maíz en la masa. Si en vez de eso preferimos la cocina mexicana, los tacos y las tortillas también estarán hechos con maíz. Y, de postre, una buena película acompañada de una ración gigante de palomitas.

MÁS CULTURA

1. BUENOS AIRES

A. ¿Cómo es tu ciudad? ¿Cómo son las casas? ¿Son todas muy parecidas? ¿Se pueden diferenciar los distintos barrios por su arquitectura?

B. Lee este texto sobre la arquitectura de la ciudad de Buenos Aires, que también puede aplicarse a otras grandes ciudades de Argentina y a Montevideo. ¿Hay alguna cosa que te sorprenda? ¿Ha existido un proceso similar en tu ciudad o en alguna ciudad importante de tu país?

UNA CIUDAD EN CRECIMIENTO

LOS ORÍGENES: La "Gran aldea"

Durante todo el periodo colonial y gran parte del siglo XIX, las casas bonaerenses son de tipo romano, semejantes a las del sur de España. Son construcciones de una sola planta con una entrada y un patio central. En torno al patio, hay una galería y habitaciones que comunican entre sí y con el patio. A ambos lados de la entrada hay dos habitaciones que dan a la calle y que se usan como tienda o como bodega de artesano. La fachada es sencilla, sin adornos.

En esa misma época, las casas de las familias ricas tienen tres patios, con sus respectivas habitaciones. La parte delantera de la casa es la parte pública, a la que tienen acceso las visitas. En torno al segundo patio se desarrolla la vida privada de la familia y el tercer patio es la zona reservada a los esclavos, las cocinas y los retretes. En estas construcciones suele haber, además, un pequeño huerto. Este tipo de casa es un reflejo de la sociedad colonial, con sus clases sociales separadas y muy diferenciadas.

En 1870, la ciudad sufre una epidemia de fiebre amarilla: las familias ricas abandonan el casco antiguo y se instalan en la zona norte, donde construyen magníficas casas señoriales a imitación de las de París. Las casas del centro y del sur quedan vacías y allí se instalan los inmigrantes que huyen del hambre y de las guerras de Europa. Como no tienen suficiente dinero para alquilar las casas enteras, las familias de inmigrantes alquilan una habitación y, de esta forma, los patios se convierten en espacio de convivencia entre gentes de diferentes procedencias y lenguas. Este tipo de vivienda se conoce como "conventillo".

unidad 8

OLEADAS MIGRATORIAS: Nuevas soluciones

Algunos años después, los inmigrantes comienzan a construir sus propias casas en las afueras, donde los terrenos son más baratos. Así nacen los nuevos barrios del sur, norte y oeste. Sin embargo, los terrenos que adquieren los inmigrantes son demasiado pequeños (las parcelas de 10 metros de frente y unos 50 de fondo no son suficientes para construir la típica casa romana) por lo que se opta por edificar sobre dos terrenos para, luego, dividir la construcción a lo largo. Es lo que se llama "casa chorizo", el gran rasgo distintivo de la arquitectura popular local.

La casa chorizo tiene una entrada lateral que lleva al patio, el cual está conectado a habitaciones de gran altura (4,5m). Estas están dispuestas en fila y comunicadas entre sí mediante puertas interiores y por una galería externa. Un comedor cierra el primer patio y un pasillo comunica con el segundo, donde está la cocina. A veces, existe un tercer patio con una pequeña huerta. Como todas las casas son prácticamente iguales, cada familia decora a su manera la fachada, utilizando elementos arquitectónicos traídos de Francia o de Italia.

Una nueva variante que surge a mediados del siglo XX son los apartamentos horizontales, adaptados también a este tipo de terrenos pequeños. Se trata de un pasillo al aire libre, largo y estrecho, que lleva a cuatro casas. Cada una de ellas tiene un pequeño patio, una cocina, un retrete y una o dos habitaciones en la planta baja, y dos o tres dormitorios pequeños y una azotea en la primera. Con el desarrollo industrial y las migraciones internas, la imagen de la ciudad se transforma y en todos los barrios se construyen edificios de apartamentos: en los años 70 predominan los edificios de 10 o más pisos. Eso sí: siempre con amplios balcones o terrazas. En el centro comercial de la ciudad, cerca del río, comienzan a surgir rascacielos de vidrio y metal que alojan oficinas u hoteles. Aparecen también los primeros barrios residenciales, con enormes chalets rodeados de jardines, sobre todo en la zona norte.

Pero existe otra cara del fenómeno migratorio de la segunda mitad del siglo XX. Miles y miles de personas que llegan del interior del país en busca de una vida mejor fracasan en su intento y se instalan alrededor de la ciudad en enormes barrios de chabolas, sin servicios sanitarios ni comodidades. Estos nuevos barrios son llamados oficialmente "villas de emergencia", aunque el pueblo los rebautiza como "villas miseria".

Por otra parte, ante la crisis económica de los años 90, los nuevos sectores privilegiados de la sociedad se refugian en barrios cerrados con muros y guardias de seguridad y viven separados del resto de los habitantes. Mientras, la mayoría de los porteños sigue viviendo en las casas de siempre: casas chorizo, apartamentos horizontales y pisos modernos.

MÁS CULTURA

1. ¿QUÉ? ¿CÓMO? ¿CUÁNDO? ¿CON QUIÉN?

A. En tu idioma, ¿hablas a todo el mundo de la misma manera? Por ejemplo, ¿pides un favor del mismo modo a tu pareja, a tus amigos, a tu jefe o a un desconocido por la calle? Piensa otros casos. ¿Cómo son y a qué crees que se deben las diferencias? Lee el texto para encontrar algunas respuestas.

¿QUÉ ES SER CORTÉS?

Cada sociedad establece una serie de normas que regulan el comportamiento de sus miembros: normas sobre qué se puede y qué no se puede hacer en cada situación o sobre qué está bien visto y qué está mal visto. De la misma forma, las lenguas, como principal herramienta de relación social, también tienen sus normas: qué se puede decir y qué no se puede decir, qué hay que decir y cómo hay que decirlo, de qué manera hablamos a unas personas o a otras… Por tanto, comunicarse "correctamente" en una lengua es algo más que conocer el vocabulario y las reglas gramaticales. En el caso del español, hay que tener en cuenta, además, que son muchos los países donde se habla y que cada uno de ellos tiene costumbres propias, a veces bastante diferentes.

Observemos un ejemplo concreto: la diferencia entre *tú/vosotros* y *usted/ustedes* en España. Entre adultos jóvenes, incluso desconocidos, se usa *tú*… Pero también hay personas a las que vemos todos los días y con las que solemos hablar de "usted": el portero del edificio, el médico, la madre de un amigo… Cuando un adulto de mediana edad se dirige a otro por la calle para pedirle una información suele usar *usted* (*Perdone, ¿la calle Fuencarral?*) pero si, por ejemplo, lo insulta mientras conduce, seguramente va a usar *tú* (*¡Eh, tú! ¿No ves por dónde andas?*). El uso de una forma u otra entre compañeros de trabajo varía de una profesión a otra, y de una empresa a otra. Y muchos profesores universitarios se tutean con sus estudiantes. En cambio, con personal que ocupa un puesto "inferior" en la jerarquía laboral, es frecuente utilizar *usted*. Como podemos ver, muchas veces el *usted* marca distancia más que "respeto" o "cortesía". En cualquier caso, en cada situación de comunicación los hablantes eligen el tratamiento teniendo en cuenta muchos factores: la jerarquía, la edad, el sexo, el ambiente social, el estado de ánimo… Estos son solo algunos ejemplos de los factores sociales que intervienen en la comunicación, pero la lista sería casi infinita: a quién llamamos *señor* y a quién nos dirigimos por su nombre de pila, cuándo damos las gracias y cuándo no; a quién, cuándo y cómo le podemos quitar el turno de palabra… Además, no hay que olvidar los aspectos no verbales (distancia, gestos, etc.) que están estrechamente relacionados con la comunicación lingüística. ¿Cómo enfrentarse, pues, a este código complicado y de algún modo "secreto" que comparten los nativos?

En primer lugar, tenemos que ser conscientes de la importancia de este tipo de convenciones. Un "error" de cortesía, aunque tenga que ver con nuestros conocimientos limitados de la lengua o de la cultura, es siempre más grave que una falta de gramática (a nadie se le considera "mal educado" si usa *ser* en lugar de *estar*, por ejemplo). Los nativos, en cambio, pueden pensar que eres una persona rara o agresiva si dices *dame un vaso de agua*. En segundo lugar, debemos aceptar que solo una larga observación del modo en el que se comunican los nativos puede ayudarnos a desenvolvernos con éxito en la lengua que queremos aprender.

¿ME PUEDES TRAER UN VASO DE AGUA?

En todas las lenguas está muy codificado cómo pedir cosas y solemos encontrarnos con muchas formas de hacerlo. En español, por ejemplo, podemos pedir un simple vaso de agua de mil maneras:

¡UN VASO DE AGUA!
TRÁEME UN VASO DE AGUA, ANDA
TRÁIGAME UN VASO DE AGUA, POR FAVOR
¿ME PUEDES TRAER UN VASO DE AGUA?
¿TE IMPORTA TRAERME UN VASO DE AGUA?
¡QUE ME TRAIGAS UN VASO DE AGUA!

Incluso podemos pedirlo indirectamente:

BUFFF...TENGO UN POQUITO DE SED.

Si suponemos, además, que lo que pedimos representa una molestia para nuestro interlocutor, usamos formas como el condicional y justificamos, con mucho detalle, la petición, incluso cuando hay confianza. Si nuestro interlocutor está muy lejos de la cocina, podríamos decir:

¿ME PODRÍAS TRAER UN VASO DE AGUA? ES QUE HE VENIDO CAMINANDO Y TENGO UNA SED...

B. Imagina que debes pedir un favor más "delicado"; por ejemplo, que te presten una cantidad importante de dinero o que te dejen unos calcetines, ¿de qué diferentes maneras lo harías?

MÁS CULTURA

1. EL HORÓSCOPO MAYA

A. Los mayas, una de las civilizaciones más avanzadas e importantes de la América precolombina, crearon un zodíaco de trece signos basado en su calendario lunar. Busca tu signo y lee la descripción. ¿Eres así?

MURCIÉLAGO (Tzootz)
26 de julio / 22 de agosto
Color: negro **Verbo:** "descubrir" **Estación del año:** el invierno **Número:** el 1

Son luchadores, fuertes y decididos. Les gusta dar órdenes y tomar decisiones. Están muy seguros de sí mismos y, a veces, son autoritarios. Primero actúan y luego piensan. Les gusta trabajar solos. Son excelentes políticos, empresarios, escritores y humoristas.

ALACRÁN (Dzec)
23 de agosto / 19 de septiembre
Color: dorado **Verbo:** "observar" **Estación del año:** el otoño **Número:** el 2

A primera vista, inspiran respeto. Son muy reservados y no manifiestan sus sentimientos. Prefieren pasar inadvertidos. Cuando conocen a alguien, lo analizan con detenimiento. Tienen una memoria de elefante. Son agradecidos y justos, pero también vengativos. Trabajan bien en cualquier oficio. Como son organizados y metódicos, son excelentes en tareas administrativas.

VENADO (Keh)
20 de septiembre / 17 de octubre
Color: naranja y amarillo **Verbo:** "seducir" **Estación del año:** el principio de la primavera **Número:** el 3

Son los más sensibles del zodíaco. Son frágiles y se asustan con facilidad. Cuidan mucho su imagen. Tienen talento para el arte y detestan la rutina. Necesitan cambiar y crear.

LECHUZA (Mona)
18 de octubre / 14 de noviembre
Color: azul intenso **Verbo:** "intuir" **Estación del año:** el otoño **Número:** el 4

Son los brujos del zodíaco maya: pueden leer el pensamiento, anticiparse al futuro y curar dolores del cuerpo y del alma con una caricia o una infusión de hierbas. Al principio son tímidos, pero cuando toman confianza son bastante parlanchines. Les gusta la noche. Destacan en medicina, psicología y, en general, en las ciencias naturales.

PAVO REAL (Kutz)
15 de noviembre / 12 de diciembre
Color: irisado **Verbo:** "yo soy" **Estación del año:** la primavera **Número:** el 5

Tienen alma de estrella de cine. Son extrovertidos, sociables, carismáticos y seductores. Les gusta ser el centro de atención en todo momento. Una de sus armas es el humor. En el trabajo, prefieren puestos de liderazgo: les encanta dar órdenes y tener gente a su cargo. Necesitan destacar. Son excelentes comunicadores.

LAGARTO (Kibray)
13 de diciembre / 9 de enero
Color: el verde **Verbo:** "cambiar" **Estación del año:** el verano **Número:** el 6

Su gran pregunta es "¿Quién soy?". Están en constante cambio, su personalidad es multifacética. Son generosos, sencillos, metódicos y ordenados, pero necesitan mucho tiempo para tomar decisiones. Son personas inteligentes, analíticas, de buena memoria y con capacidad para el estudio. Pueden llegar a ser grandes científicos.

MONO (Batz Kimil)
10 de enero / 6 de febrero
Color: el lila **Verbo:** "divertir" **Estación del año:** el comienzo del verano **Número:** el 7

Son felices si tienen algo que descubrir, si viven nuevas aventuras o sienten nuevas emociones. Su mente es tan inquieta como su cuerpo: no paran de pensar. Hacer reír es su especialidad y siempre encuentran el lado gracioso de las cosas. Tienen fama de inconstantes: en el amor son inestables y cambian muchas veces de trabajo. Odian sentirse esclavos de la rutina.

HALCÓN (Coz)
7 de febrero / 6 de marzo
Color: el violeta **Verbo:** "poder" **Estación del año:** el verano **Número:** el 8

Desde niños, tienen una personalidad definida y un carácter fuerte. De jóvenes, son ambiciosos: buscan su triunfo profesional y no descansan hasta conseguirlo. Tienen una mente despierta y un gran sentido del deber y de la responsabilidad. A partir de los 50 años, su vida cambia: ya no les interesan las cosas mundanas y comienzan su búsqueda espiritual. Son buenos políticos y diplomáticos.

JAGUAR (Balam)
7 de marzo / 3 de abril
Color: el rojo **Verbo:** "desafiar" **Estación del año:** el final del verano **Número:** el 9

Son personas apasionadas y directas. Saben lo que quieren y siempre lo consiguen. Son valientes y altruistas. Son seductores y, de jóvenes, cambian mucho de pareja. No se casan fácilmente. Tienen un espíritu nómada. Necesitan sentir pasión en su vida profesional y, si se aburren, cambian de trabajo.

ZORRO (Fex)
4 de abril / 1 de mayo
Color: el marrón oscuro **Verbo:** "proteger" **Estación del año:** el comienzo del otoño **Número:** el 10

Han nacido para amar. Muchas veces se olvidan de sus propias necesidades y deseos para ayudar a los demás. Sienten el dolor de los demás como propio. Su modo de vida es sencillo, sin grandes ambiciones. Son muy buenos para trabajar en equipo. Tienen muchas cualidades para ser abogados, jardineros o médicos.

SERPIENTE (Kan)
2 de mayo / 29 de mayo
Color: el azul verdoso **Verbo:** "poseer" **Estación del año:** el invierno **Número:** el 11

Aman el lujo, el confort y el refinamiento. Son elegantes por naturaleza y suelen tener un buen nivel económico. Tienen fama de ambiciosos. Aunque son competidores leales, es mejor no interponerse en su camino. Para ellos, lo importante no es la profesión, sino destacar en ella. Por su capacidad de observación tienen talento para las letras.

ARDILLA (Tzub)
30 de mayo / 26 de junio
Color: el verde limón. **Verbo:** "comunicar". **Estación del año:** el final del otoño. **Número:** el 12

Son los más parlanchines del zodíaco. No saben guardar un secreto. Son sociables y excelentes para las relaciones públicas. Son personas activas y pueden hacer varias cosas al mismo tiempo. Cambian muy rápido de opinión. Son excelentes vendedores y triunfan en el mundo del espectáculo.

TORTUGA (Aak)
27 de junio / 25 de julio
Color: el verde esmeralda **Verbo:** "amar" **Estación del año:** el verano **Número:** el 13

Son hogareños y pacíficos. Evitan los riesgos y no confían en los resultados fáciles. Disfrutan más las cosas cuando han luchado para conseguirlas. Son conservadores, creen en la buena educación y en la ética, y son nobles por naturaleza. Destacan en las carreras humanísticas y en las que les permiten ayudar a los demás (médicos, enfermeros, profesores, etc.). Su paciencia y perseverancia les asegura el éxito en cualquier profesión.

B. ¿Y tus compañeros de curso? Pregunta cuál es su signo a algunos de ellos y comprueba si la descripción del horóscopo maya es acertada.

C. Si tienes que elegir pareja, un amigo, un compañero de clase y un profesor, ¿qué signo del zodíaco maya prefieres?

unidad 10

2. MAR O MONTAÑA

A. ¿Qué plan prefieres para unas vacaciones? ¿Ir a la costa o a la montaña? Aquí tienes información sobre seis espacios naturales en España. En grupos, decidid cuál os gustaría visitar y por qué.

Espacios naturales

España fue uno de los primeros países europeos que creó parques nacionales. En la actualidad la Red de Parques Nacionales está integrada por trece áreas de interés natural y cultural. Además, existen otros espacios protegidos (parques naturales, reservas naturales, etc.). En la actualidad hay algo más de 700 espacios gestionados por las diferentes comunidades autónomas.

PARQUE NACIONAL DE LOS PICOS DE EUROPA

Es el mayor Parque Nacional de Europa y abarca tres comunidades: Asturias, Cantabria y Castilla y León. Estos picos ofrecen la posibilidad de practicar alpinismo, senderismo, deportes de invierno, acuáticos... El turismo está bien organizado, con buenos accesos y con muchos hoteles y refugios. Una curiosidad: estas montañas son el hábitat natural del oso pardo.

PARQUE NATURAL DE LAS ISLAS CÍES

El archipiélago de las Cíes está situado en la entrada de la Ría de Vigo. Está formado por tres islas y por una serie de islotes menores. Es un importante refugio de aves marinas. Su vegetación y la variedad de sus paisajes hacen de estas islas uno de los enclaves naturales más importantes de Galicia. Las visitas están controladas y solo se admite una determinada cantidad de visitantes por día.

PARQUE NACIONAL DE SIERRA NEVADA

En la provincia de Granada se encuentra el macizo montañoso más alto de la península. Alberga una de las estaciones de esquí más importantes de Europa, en la que se pueden practicar todo tipo de deportes de invierno durante el otoño, el invierno y los primeros días de la primavera. No es difícil ver aves como buitres, águilas y halcones.

PARQUE NATURAL DE LA ALBUFERA DE VALENCIA

Es una de las zonas húmedas más importantes de la Península Ibérica. Está formada por una gran llanura rodeada de elevaciones y separada del mar por grandes líneas de dunas. Hay diversidad de ambientes en el parque: playa, lago, dunas, arrozales... Las mejores épocas para visitarlo son la primavera y el invierno. Es una reserva para aves migratorias y para muchas especies vegetales.

PARQUE NACIONAL DE GARAJONAY

Declarado Patrimonio Natural de la Humanidad por la UNESCO y situado en las cumbres más altas de la isla de La Gomera (Canarias), este espacio se encuentra gran parte del año cubierto por nieblas y nubes que proporcionan un ambiente húmedo y con temperaturas estables. En este espacio conviven especies de plantas protegidas y exclusivas del parque. Hay visitas y excursiones organizadas con guías profesionales.

PARQUE NATURAL DE CABO DE GATA-NÍJAR

La Sierra de Cabo de Gata constituye el macizo de origen volcánico más importante de la Península Ibérica. La costa se compone de impresionantes acantilados erosionados por el mar, extensas playas desiertas, pequeñas calas y dunas. Se puede visitar el parque a pie, en bicicleta o a caballo y practicar la vela y el windsurf. La época ideal para visitarlo son los meses de febrero y marzo, y de septiembre a noviembre.

B. ¿Qué parques conoces de tu país? ¿Cuál es el más famoso? ¿Has ido a alguno?

MÁS CULTURA

1. PICASSO Y SUS MUJERES

A. ¿Qué sabes de Pablo Picasso? ¿Conoces su obra? Lee este texto para descubrir algo más sobre el artista.

AMORES Y DESAMORES DE UN GENIO

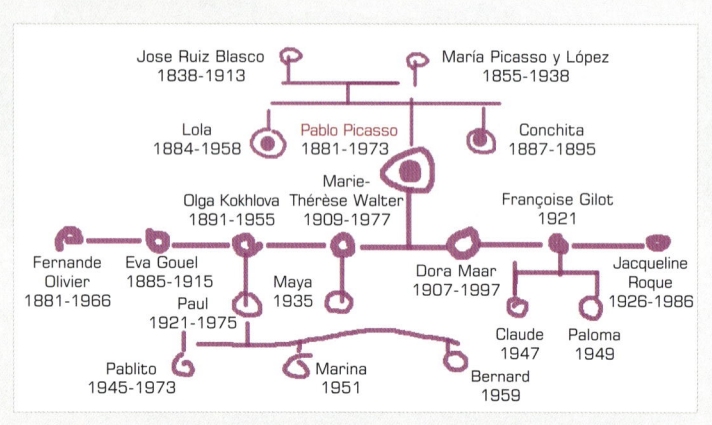

Se han escrito páginas y páginas que analizan la obra y que comentan los detalles de la larga e intensa vida sentimental de Pablo Ruiz Picasso (1881-1973), el más famoso, versátil y prolífico artista del siglo XX y los biógrafos coinciden en señalar la estrecha relación entre su arte y sus mujeres. Paula Iz-quierdo, experta en la biografía amorosa de Picasso y autora de "Picasso y las mujeres", se atreve a ir más lejos: Picasso fue genial "pero también tirano, vividor, verdugo y víctima, amante infatigable de las mujeres, de la pintura y de la vida".

"Pinto igual que otros escriben su biografía. Los cuadros terminados son las páginas de mi diario". Picasso

Efectivamente, son muchas las mujeres que lo acompañaron a lo largo de su vida (e incontables sus amantes). La bella Fernande Olivier, la bailarina rusa Olga Kokhlova, M. Thérèse Walter, la fotógrafa Dora Maar, Françoise Gilot o la mujer que vivió con él hasta el final de sus días, Jacqueline Roque, fueron, entre otras, además de sus compañeras, sus modelos. Todas ellas le producen, en un primer momento, una gran pasión creativa, casi febril. Las pinta obsesivamente. "Hay algo de antropófago en los retratos que hace de forma casi compulsiva. Como si necesitara exorcizar sus sentimientos. Aprehender a la mujer amada a través de su pintura, poseerla hasta el agotamiento", explica Paula Izquierdo.

Cuando la relación se deteriora, la imagen pictórica de la amante se deforma, se refleja con dolor y hasta con horror. Cada retrato refleja los sentimientos que le inspira su modelo, en qué estado de ánimo se encuentra, si está feliz o si se siente desgraciado. Por ejemplo, los retratos que hace a Olga Kokhlova en 1917 no se parecen en nada a los que pinta cuando la relación está a punto de terminar. Lo mismo ocurre con la imagen de Françoise Gilot: al final de su vida en común, después de que ella lo ha abandonado, Picasso la retrata con la cara partida por la mitad.

Algunas de ellas

◆ PICASSO, UN NIÑO RODEADO DE MUJERES
Pablito crece rodeado de sus hermanas y de su madre, sin primos ni hermanos con los que jugar. Cuando su hermana Conchita enferma gravemente, Picasso jura que dejará de pintar si ella muere. Tras la muerte de la frágil niña, Pablo rompe su juramento.

◆ FERNANDE OLIVIER
En los ambientes bohemios de París, Picasso conoce a esta bella mujer de rostro ovalado y ojos verdes. Es su primer gran amor y la paleta del artista pasa de los tonos azules y verdes al rosa. Pero, con los años, Fernande, escritora aguda y mujer refinada, empieza a cansarse de los celos obsesivos del artista. Ya a finales de 1906, Picasso borra cualquier rastro de belleza de Fernande: la retrata como un personaje sin rastro de feminidad.

◆ EVA GOUEL
El genio se enamora perdidamente de esta delicada y menuda joven. Nada más separarse de su anterior esposa, Fernande, abandona el cubismo analítico y comienza la etapa del cubismo sintético, por lo que apenas hay retratos de Eva. Picasso y su nueva mujer

se van a vivir al barrio de Montparnasse, y pasan temporadas en Céret, la meca del cubismo, y en Avignon. Pronto, sin embargo, Eva enferma y fallece.

◆OLGA KOKHLOVA
En 1917, durante un viaje a Italia, Picasso conoce a la bailarina rusa Olga Kokhlova, que abandona su compañía de danza para casarse con él. Olga significó un cambio radical en la vida de Picasso: se instalaron en la elegante calle parisina de la Boétie y comenzaron a llevar una vida burguesa y acomodada. En esta época, el artista se ha alejado ya del cubismo para emprender lo que los críticos denominan «el retorno al clasicismo».

◆MARIE THÉRÈSE WALTER
Es la mayor pasión sexual de la vida del artista. La conoce cuando ella tiene solo diecisiete años y, aunque Picasso la abandona por Dora Maar, es una de las pocas mujeres que mantiene contacto con él durante toda la vida. De hecho, se siguen viendo durante los treinta años que pasan desde la ruptura de la pareja hasta la muerte del genio, tras la cual Marie Thérèse cae en una terrible depresión. Una curiosidad: ella es la única persona a la que Picasso permite cortarle el pelo y las uñas.

◆DORA MAAR
Es una mujer inteligente y una brillante fotógrafa. A pesar de que ha quedado de ella la imagen de una mujer trastornada por el abandono de Picasso, debemos recordar a la Dora Maar revolucionaria, integrante del grupo Contre-Attaque, que acerca a Picasso al Partido Comunista y, también, la imagen elegante y misteriosa que de ella han dejado algunas fotografías realizadas por Man Ray, Lee Miller y Brassaï durante los años treinta y cuarenta. En su compañía, Picasso pinta el Guernica mientras Dora fotografía, una por una, las fases de creación del cuadro (en el que ella aparece como la mujer llorando que sujeta la lámpara).

◆FRANÇOISE GILOT
En mayo de 1943, Picasso conoce a la joven pintora Françoise Gilot, quien, a finales de año, comienza a aparecer en algunos retratos. Es 20 años más joven que Dora y 40 más joven que Picasso. Durante los años de convivencia (1943-1952) nacen dos hijos, Claude (1947) y Paloma (1949). Tampoco para Françoise, una mujer inteligente que quiere conservar su independencia, es fácil vivir con el genio, y se aleja de él en 1953. Picasso nunca aceptó este abandono.

◆JACQUELINE ROQUE
En 1953, Picasso conoce a Jacqueline. Él ha cumplido los 72 años y ella tiene solo 27. Jacqueline ofrece a Picasso lo que necesita: una joven musa (en 1967 la retrata 167 veces) que vive exclusivamente pendiente de él. Viven juntos durante 20 años, sin duda, gracias al carácter sumiso de Jacqueline. Para ella, Picasso lo es todo y la muerte del artista en 1973 es una tragedia de la que ya nunca se recupera. Trece años después de la muerte de Picasso, pone fin a su vida en su residencia de Mougins.

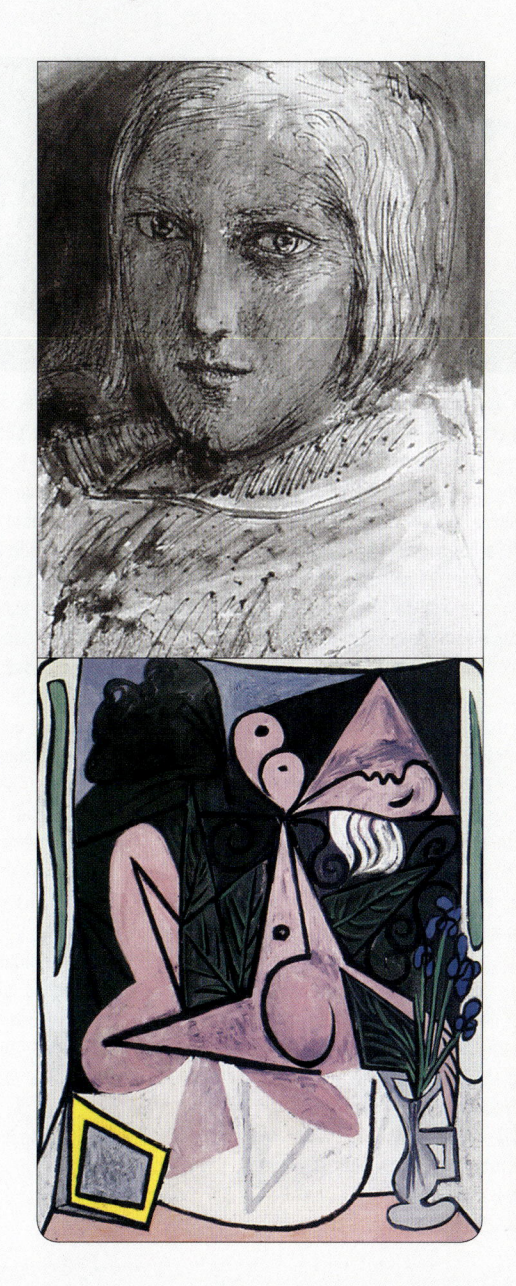

RETRATOS DE MARIE THÉRÈSE WALTER

B. ¿Qué imagen de Picasso da el texto?

C. El texto anterior está dedicado a un aspecto concreto de la vida y la obra de Picasso. ¿Por qué no buscas información y preparas un texto sobre otro aspecto de su vida o de su obra?

MÁS CULTURA

1. RECUERDOS DE INFANCIA

A. En los siguientes textos, tres escritores evocan imágenes de su infancia. Seguramente, vas a encontrar muchas palabras que no conoces. Por eso, vamos a experimentar algunas estrategias para aprender vocabulario.

- A. Primero, lee y señala con un color todas las palabras que no conoces.
- B. Vuelve a subrayar con otro color aquellas palabras que son nuevas para ti, pero cuyo significado puedes deducir por el contexto.
- C. Para las que te parecen más difíciles: piensa, primero, si se parecen a alguna palabra que conoces, en español u otra lengua. Luego, trata de sustituirlas por palabras de tu lengua u otras palabras en español que podrían estar en su lugar.
- D. Al final, utiliza el diccionario y comprueba si te has acercado al significado de la palabra.

Mi padre es poeta, y su padre también lo era, y por eso yo empecé muy pronto a fijarme en las placas de las calles y a aprenderme poemas de memoria, pero el motivo que se escondía tras nuestra obligada visita de los domingos, una cita de puntualidad inquebrantable, pertenecía al rango de los más prosaicos. Padre e hijo se reunían ante el televisor para contemplar juntos el partido de la liga de fútbol [...] Y todos los demás teníamos que estar callados.

[...] era muy difícil imponer un silencio uniforme. Para lograrlo, las mujeres de mi familia, que pasaban el rato alrededor de una mesa camilla, cotilleando entre susurros, desterraban a los niños al comedor, y nos obligaban a entretenernos con la boca cerrada, una cuartilla de papel y unos lápices de colores. En esas circunstancias comenzó mi carrera literaria.

[...] Mi hermano Manuel pintaba casas y cercas, chimeneas y animales, nubes y pájaros, niños y niñas montando a caballo. Yo intentaba imitarle, pero apenas obtenía las amorfas siluetas de algo vagamente parecido a una vaca con joroba sobre las cuatro patas de una mesa con tablero. Y me aburría. Y me ponía tan pesada como cualquier niño que se aburre. Hasta que una tarde alguien –mi madre, mi abuela, mi tía Charo, ya no lo recuerdo bien– me ofreció una solución que resultaría definitiva. Desde entonces, todos los domingos invertía los noventa minutos del partido en escribir el cuento. Porque yo sólo tenía una historia que contar, yo escribía siempre el mismo cuento.

Almudena Grandes (España), *Modelos de mujer*.

La casa de la calle Capurro tenía un olor extraño. Según mi padre, olía a jazmines; según mi madre, a ratones. [...]

En conexión con esa casa tengo además dos recuerdos fundamentales: uno, el Parque Capurro, y otro, la cancha de fútbol del Club Lito, que quedaba a tres cuadras. En aquella época, el Parque Capurro era como una escenografía montada para una película de bandidos, con rocas artificiales, semicavernas, caminitos tortuosos y con yuyos una maravilla en fin. No me dejaban ir solo, pero sí con mis primos o con el hijo de un vecino, que era de mi edad. El Parque estaba casi siempre desierto, de modo que se convertía en nuestro campo de operaciones. A veces, cuando recorríamos aquellos laberintos, nos encontrábamos con algún bichicome borracho, o simplemente dormido, pero eran inofensivos y estaban acostumbrados a nuestras correrías. Ellos y nosotros coexistíamos en ese paisaje casi lunar, y su presencia agregaba un cierto sabor de riesgo (aunque sabíamos que no arriesgábamos nada) a nuestros juegos, que por lo general consistían en encarnizadas luchas cuerpo a cuerpo, entre dos bandos, o más bien bandas, una integrada por mi primo Daniel y el vecino, y otra, por mi primo Fernando y yo.

Mario Benedetti (Uruguay), *La borra del café*.

[...] mis recuerdos del pueblo no estaban todavía idealizados por la nostalgia. Lo recordaba como era: un lugar bueno para vivir, donde se conocía todo el mundo, a la orilla de un río [...] El calor era tan inverosímil, sobre todo durante la siesta, que los adultos se quejaban de él como si fuera una sorpresa de cada día. Desde mi nacimiento oí repetir sin descanso que las vías del ferrocarril y los campamentos de la United Fruit Company fueron construidos de noche, porque de día era imposible agarrar las herramientas recalentadas al sol.

[...]

Yo detestaba desde niño aquellas siestas inertes porque no sabíamos qué hacer. "Cállense, que estamos durmiendo" susurraban los durmientes sin despertar. Los almacenes, las oficinas públicas, las escuelas, se cerraban desde las doce y no volvían a abrirse hasta un poco antes de las tres. El interior de las casas quedaba flotando en un limbo de sopor. En algunas era tan insoportable que colgaban las hamacas en el patio o recostaban taburetes a la sombra de los almendros y dormían sentados en plena calle. Sólo permanecían abiertos el hotel frente a la estación, su cantina y su salón de billar, y la oficina del telégrafo detrás de la iglesia. [...]

Gabriel García Márquez (Colombia), *Vivir para contarla*.

unidad 12

B. Elige tres palabras de los textos y reflexiona sobre estas características de cada una de ellas. Puedes trabajar con un diccionario (bilingüe o monolingüe), preguntarle a tu profesor, consultar otros textos donde aparece (en Internet puedes encontrar muchos ejemplos), etc. Luego, rellena una red como esta en tu cuaderno.

¿Es una palabra vulgar, familiar, neutra, culta, literaria?
¿Con qué palabras se asocia frecuentemente?
¿Hay alguna palabra que signifique lo contrario?
¿Tiene un significado parecido a alguna otra palabra?
¿Qué tipo de palabra es: un nombre, un adjetivo, un verbo…?
¿Tiene alguna dificultad gramatical?
¿Tiene palabras derivadas?

AHORA SÍ CONOCES BIEN ESTAS PALABRAS
Aprender una palabra no es solo "traducirla" aproximadamente a nuestra lengua. Aprender una palabra es un proceso que nos aclara su lugar en el sistema, o sea, todas sus relaciones con las otras palabras e incluso con la cultura del país.

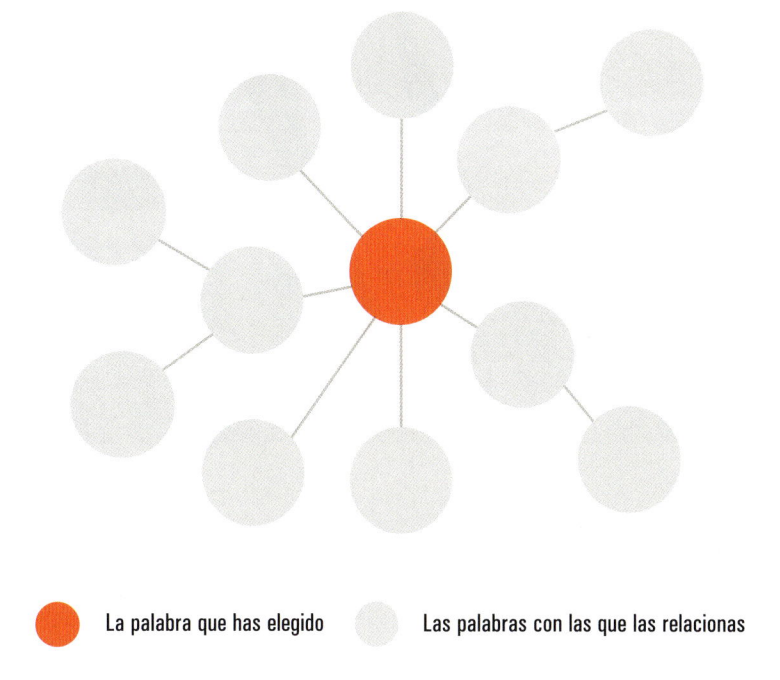

● La palabra que has elegido   ○ Las palabras con las que las relacionas

C. ¿Quieres conocer un poco más a los autores de los textos anteriores? Lee estos breves apuntes biográficos.

Almudena Grandes Hernández. Nació en Madrid en 1960 y estudió Geografía e Historia. En 1989 ganó el premio de narrativa erótica La Sonrisa Vertical con **Las edades de Lulú**, novela que contó luego con una versión cinematográfica. En 1991 publicó **Te llamaré Viernes** y, en 1994, **Malena es un nombre de tango**, con la que consiguió un gran éxito de ventas y de crítica. Otros de sus títulos son la recopilación de cuentos **Modelos de mujer** (1996) y las novelas **Atlas de geografía humana** (1998), **Los aires difíciles** (2002) y **Castillos de cartón** (2004). Es una de las novelistas españolas más reconocidas de la actualidad.

Gabriel García Márquez. Nació en Aracataca, Colombia, en 1928. Dejó la carrera de Derecho y se dedicó al periodismo como reportero y columnista. Vivió en diversos países de Europa y de América Latina, y en Estados Unidos. Sus primeros títulos son **La hojarasca** (1955), **El coronel no tiene quien le escriba** (1961), **Los funerales de la Mamá Grande** (1962) y **La mala hora** (1962). En 1963 obtuvo el Premio Nacional de Literatura de Colombia. Sin embargo, es en 1967, con la publicación de **Cien años de soledad**, cuando el escritor colombiano se convierte en una figura literaria universal. Entre su producción posterior destaca la novela **Crónica de una muerte anunciada** (1981). En 1982 recibió el Premio Nobel de Literatura. Sus obras se completan con **El amor en los tiempos del cólera** (1985), **La aventura de Miguel Littín clandestino en Chile** (1986) **El general en su laberinto** (1989); **Doce cuentos peregrinos** (1992) **Del amor y otros demonios** (1994), **Noticia de un secuestro** (1996), **Vivir para contarla** (2002) y **Memorias de mis putas tristes** (2004).

Mario Benedetti. Nació en Paso de los Toros, Uruguay, en 1920, pero de muy niño se trasladó a la capital, Montevideo, donde estudió en un colegio alemán. Tras el golpe militar de 1973, tuvo que exiliarse, primero en Argentina, y después en Perú, Cuba y España. Es autor de novelas, cuentos, poesía, teatro, ensayos, crítica literaria, crónicas humorísticas, guiones cinematográficos e incluso letras de canciones. Entre sus obras destacamos las novelas **La tregua** (1960), **Primavera con una esquina rota** (1982) y **La borra del café** (1993), los libros de poemas **Inventario** (1963), **Despistes y franquezas** (1989), **Inventario dos** (1994) y **El mundo que respiro** (2001).

D. Y tú, ¿qué recuerdos tienes de tu infancia? ¿Recuerdas sabores, olores, sonidos especiales? ¿Por qué no intentas escribir el primer párrafo de tu autobiografía?

MÁS GRAMÁTICA

- Cuando, al realizar una actividad, tengas una duda o quieras entender mejor una regla gramatical, puedes consultar este resumen.

- Como verás, los contenidos no están ordenados por lecciones sino en torno a las categorías gramaticales.

- Además de leer atentamente las explicaciones, fíjate también en los ejemplos: te ayudarán a entender cómo se utilizan las formas lingüísticas en contexto.

MÁS GRAMÁTICA

ALFABETO

A	a	H	hache	Ñ	eñe	U	u
B	be	I	i	O	o	V	uve
B	ce	J	jota	P	pe	W	uve doble
D	de	K	ca	Q	cu		
E	e	L	ele	R	erre	X	equis
F	efe	M	eme	S	ese	Y	i griega
G	ge	N	ene	T	te	Z	ceta/zeta

→ **Recuerda**
- Las letras tienen género femenino: **la a, la be...**
- A diferencia de lo que sucede en otros idiomas, en español hay pocas consonantes dobles. Con respecto a la pronunciación se dan dos casos:
  se pronuncia un único sonido (**ll** y **rr**);
  se pronuncian dos sonidos (**cc** y **nn**).
- En algunos países de Latinoamérica, las letras **be** y **uve** se llaman **be larga** y **ve corta**.

LETRAS Y SONIDOS

► En general, a cada letra le corresponde un sonido y a cada sonido le corresponde una letra, pero hay algunos casos especiales.

La **C** corresponde a dos sonidos:

[k], delante de **a, o, u** y al final de una sílaba: **casa, copa, cuento, acto**.

[θ] (como la **th** de *nothing* en inglés), delante de **e** e **i**: **cero, cien**. *

La **CH** se pronuncia [tʃ], como *chat* en inglés.

La **G** corresponde a dos sonidos:

[x], delante de **e** e **i**: **genio, ginebra**.

[g], delante de **a, o** y **u**: **gato, gorro, gustar**. Delante de **e** e **i**, ese sonido se transcribe colocando después de la **g** una **u** muda: **guerra, guitarra**. Para que la **u** suene, se usa la diéresis: **vergüenza, lingüística**.

La **H** no se pronuncia nunca.

La **J** corresponde siempre al sonido [x]. Aparece siempre que este sonido va seguido de **a, o** y **u**: **jamón, joven, juego**. Y, a veces, cuando va seguido de **e** e **i**: **jefe, jinete**.

La **K** corresponde al sonido [k]. Se usa muy poco, generalmente solo en palabras procedentes de otras lenguas: **kilo, Irak**.

La **LL** tiene diferentes pronunciaciones según las regiones, pero casi todos los hablantes de español la producen de manera semejante a la **y** de *you* en inglés.

QU corresponde al sonido [k]. Solo se usa cuando este sonido va seguido de **e** o **i**: **queso, química.**

R/RR corresponde a un sonido fuerte cuando va al comienzo de la palabra (**rueda**), cuando se escribe doble (**arroz**), al final de una sílaba (**corto**) o después de **l** o **n** (**alrededor**).

La **V** se pronuncia igual que la **b**.

La **W** se usa solo en palabras procedentes de otras lenguas. Se pronuncia **gu** o **u** (**web**) y, a veces, como **b**: **wáter**.

La **Z** corresponde al sonido [θ]. Aparece siempre que este sonido va seguido de **a**, de **o**, de **u**, o al final de una sílaba (**zapato, zona, zurdo, paz**) y únicamente en estos casos. **

* En toda Latinoamérica, en el sur de España y en Canarias la **c** se pronuncia [s] en estos casos.

** En toda Latinoamérica, en el sur de España y en Canarias, la **z** siempre se pronuncia [s].

ACENTUACIÓN

► En español, todas las palabras tienen una sílaba fuerte.

Cuando la sílaba fuerte es la última, se llaman palabras agudas: **canción, vivir, mamá**.

Cuando la sílaba fuerte es la penúltima, se llaman palabras graves o llanas. Son la mayoría: **casa, árbol, lunes**.

Cuando la sílaba fuerte es la antepenúltima, se llaman palabras esdrújulas: **matemáticas, práctico**.

Cuando la sílaba fuerte es la cuarta empezando por detrás, se llaman palabras sobreesdrújulas: **diciéndomelo**.

▶ No todas las palabras llevan acento gráfico. Las reglas generales para la acentuación son las siguientes.

Las palabras agudas llevan tilde cuando terminan en **-n**, **-s** o vocal: **canción**, **jamás**, **papá**.

Las palabras llanas llevan tilde cuando no terminan en **-n**, **-s** o vocal: **trébol**, **mártir**, **álbum**.

Las palabras esdrújulas y sobreesdrújulas llevan siempre tilde: **sólido**, **matemáticas**, **contándoselo**.

➡ **Recuerda**
En español, los signos de exclamación y de interrogación se colocan al comienzo y al final de la frase.

NUMERALES

0 cero	16 dieciséis	32 treinta y dos
1 un(o/a)	17 diecisiete	33 treinta y tres
2 dos	18 dieciocho	34 treinta y cuatro
3 tres	19 diecinueve	35 treinta y cinco
4 cuatro	20 veinte	36 treinta y seis
5 cinco	21 veintiún(o/a)	37 treinta y siete
6 seis	22 veintidós	38 treinta y ocho
7 siete	23 veintitrés	39 treinta y nueve
8 ocho	24 veinticuatro	40 cuarenta
9 nueve	25 veinticinco	50 cincuenta
10 diez	26 veintiséis	60 sesenta
11 once	27 veintisiete	70 setenta
12 doce	28 veintiocho	80 ochenta
13 trece	29 veintinueve	90 noventa
14 catorce	30 treinta	99 noventa y nueve
15 quince	31 treinta y un(o/a)	100 cien

▶ El número 1 tiene tres formas: **un/una** cuando va antes de un sustantivo masculino o femenino (**Tiene un hermano** / **Tengo una hermana**) y **uno** cuando va solo y se refiere a un sustantivo masculino (**No te puedo prestar mi lápiz, solo tengo uno**).

▶ Hasta el 30, los números se escriben con una sola palabra: **dieciséis**, **veintidós**, **treinta y uno**...

▶ La partícula **y** se usa solo entre decenas y unidades: **noventa y ocho** (98), **trescientos cuatro** (304), **trescientos cuarenta y seis mil** (346 000).

101	**ciento** un(o/a)	1000	mil
102	**ciento** dos	2000	dos mil
...		...	
200	doscientos/as	10 000	diez mil
300	trescientos/as	...	
400	cuatrocientos/as	100 000	cien mil
500	**quinientos**/as	200 000	doscientos/as mil
600	seiscientos/as	...	
700	**sete**cientos/as	1 000 000	un millón
800	ochocientos/as	2 000 000	dos millones
900	**nove**cientos/as	1 000 000 000	mil millones

▶ Las centenas concuerdan en género con el sustantivo al que se refieren: **Cuesta doscientos euros** / **Cuesta doscientas libras**.

▶ **Cien** solo se usa para una centena completa (100). Si lleva detrás decenas o unidades, se convierte en **ciento**: **ciento cinco** (105), **ciento ochenta** (180), pero **cien mil** (100 000).

▶ 1000 se dice **mil** (pero **dos mil**, **tres mil**).

▶ Con los millones se usa **de**: **cuarenta millones de habitantes** (40 000 000), pero no se coloca esta preposición si hay alguna cantidad después del millón: **cuarenta millones diez habitantes** (40 000 010).

❗ **¡Atención!**
En español, **un billón** es un millón de millones: 1 000 000 000 000.

MÁS GRAMÁTICA

GRUPO NOMINAL

▶ El grupo nominal se compone del nombre o sustantivo y de sus determinantes y calificativos: artículos, demostrativos, posesivos, adjetivos calificativos, frases subordinadas adjetivas, etc. Las partes del grupo nominal concuerdan en género y en número con el sustantivo.

GÉNERO Y NÚMERO

GÉNERO

▶ En español, solo hay dos géneros: masculino y femenino. En general, son masculinos los sustantivos que terminan en **-o, -aje, -ón** y **-r**, y son femeninos los terminados en **-a, -ción, -sión, -dad, -tad** y **-ez**. Sin embargo, hay muchas excepciones: **el mapa, la mano**... Los sustantivos que terminan en **-e** o en otras consonantes pueden ser masculinos o femeninos: **la llave, el norte, el** o **la paciente, el control, la paz**, etc.

▶ Los sustantivos de origen griego terminados en **-ema** y **-oma** son masculinos: **el problema, el cromosoma**. Las palabras de género femenino que comienzan por **a** o **ha** tónica llevan el artículo **el** en singular, pero el adjetivo va en femenino: **el agua limpia, el hada buena**. En plural, funcionan de forma normal: **las aguas limpias, las hadas buenas**.

▶ El femenino de los adjetivos se forma, en general, cambiando la **-o** final por una **-a** o añadiendo una **-a** a la terminación **-or**: **alto, alta; trabajador, trabajadora**, etc. Los adjetivos que terminan en **-e, -ista** o en consonantes distintas de **r** tienen la misma forma en masculino y en femenino: **doble, realista, veloz, lateral**.

NÚMERO

▶ El plural de sustantivos y de adjetivos se forma agregando **-s** a los terminados en vocal (**calle   calles**) y **-es** a los terminados en consonante (**portal   portales**). Si la palabra termina en **-z**, el plural se escribe con **c**: **vez   veces**.

▶ Los sustantivos y los adjetivos que, en singular, terminan en **-s** hacen el plural dependiendo de la acentuación. Si se acentúan en la última sílaba, agregan **-es**: **el autobús   los autobuses**. Si no se acentúan en la última sílaba, no cambian en plural: **la dosis   las dosis**.

▶ Los sustantivos y los adjetivos terminados en **-í** o **-ú** acentuadas forman el plural con **-s** o con **-es**: **marroquí   marroquís/marroquíes**.

ARTÍCULO

Existen dos tipos de artículos en español: los determinados y los indeterminados.

ARTÍCULO INDETERMINADO

▶ Usamos los artículos indeterminados (**un, una, unos, unas**) para mencionar algo por primera vez, cuando no sabemos si existe o para referirnos a un ejemplar de una categoría.

● Marcos ha alquilado **una** casa en Mallorca.

▶ No usamos los artículos indeterminados para informar sobre la profesión de alguien.

● Soy médico. ~~Soy **un** médico.~~

▶ Pero sí los usamos cuando identificamos a alguien por su profesión o cuando lo valoramos.

● Su mujer es **una** periodista muy conocida.

▶ Los artículos indeterminados no se combinan con **otro, otra, otros, otras, medio, media, cien(to)** o **mil**.

● ¿Me dejas otra hoja?   ~~una otra hoja~~
● Si no tienes hambre, come media ración.   ~~una media~~

ARTÍCULO DETERMINADO

▶ Los artículos determinados (**el, la, los, las**) se utilizan cuando hablamos de algo que sabemos que existe, que es único o que ya se ha mencionado.

● **La** casa de Mallorca de Marcos es preciosa.
● Vivían en **el** centro de Madrid.

▶ En general, no se usan con nombres de personas, de continentes, de países y de ciudades, excepto cuando el artículo es parte del nombre: **La Habana, El Cairo, La Haya, El Salvador**. Con algunos países, el uso es opcional: (**La**) **India**, (**El**) **Brasil**, (**El**) **Perú**, etc.

▶ También los usamos cuando nos referimos a un aspecto o a una parte de un país o de una región: **la Sevilla actual, el Egipto antiguo**.

▶ Con las formas de tratamiento y con los títulos, usamos los artículos en todos los casos excepto para dirigirnos a nuestro interlocutor.

● **La** señora González vive cerca de aquí, ¿no?
● Señora González, ¿dónde vive usted?

Recuerda

Cuando hablamos de una categoría o de sustantivos no contables, no usamos el artículo.

- ¿Tienes ordenador?
- Necesito leche para el postre.

La presencia del artículo determinado indica que ya se había hablado antes de algo.

- Voy a comprar leche y huevos.
  (= informo qué tipo de cosas voy a comprar)
- He comprado **la** leche y **los** huevos.
  (= ya he dicho antes que era necesario comprar esas cosas)

EL ARTÍCULO NEUTRO LO

Aunque en español solo hay dos géneros, masculino y femenino, existe la forma neutra **lo** en las estructuras **lo** + adjetivo o **lo que** + verbo.

Lo bueno (= las cosas que son buenas)
Lo difícil (= las cosas que son difíciles)
Lo bello (= las cosas que son bellas)
Lo que pienso (= las cosas que pienso)

DEMOSTRATIVOS

▶ Sirven para referirse a algo indicando su cercanía o su lejanía respecto a la persona que habla.

cerca de quien habla	cerca de quien escucha	lejos de ambos
este	ese	aquel
esta	esa	aquella
estos	esos	aquellos
estas	esas	aquellas

- **Este** avión es bastante nuevo, pero **aquel** del otro día era viejísimo.

▶ Además de las formas de masculino y de femenino, existen formas neutras (**esto, eso, aquello**) que sirven para referirse a algo desconocido o que no queremos o no podemos identificar con un sustantivo.

- ¿Qué es **esto** que has dejado en mi mesa? No entiendo nada.
- ○ ¿**Eso**? Es la traducción del informe anual.

▶ Los demostrativos están en relación con los adverbios de lugar **aquí, ahí** y **allí**.

AQUÍ/ACÁ	AHÍ	ALLÍ/ALLÁ
este chico	ese chico	aquel chico
esta chica	esa chica	aquella chica
estos amigos	esos amigos	aquellos amigos
estas amigas	esas amigas	aquellas amigas
esto	eso	aquello

POSESIVOS

▶ Los posesivos que van antes del sustantivo se utilizan para identificar algo o a alguien refiriéndose a su poseedor y varían según este (**yo mi casa, tú tu casa**...). Además, concuerdan en género y en número con la cosa poseída (**nuestra casa, sus libros**, etc.).

(yo)	mi libro/casa	mis libros/casas
(tú)	tu libro/casa	tus libros/casas
(él/ella/usted)	su libro/casa	sus libros/casas
(nosotros/as)	nuestro libro	nuestros libros
	nuestra casa	nuestras casas
(vosotros/as)	vuestro libro	vuestros libros
	vuestra casa	vuestras casas
(ellos/as, ustedes)	su libro/casa	sus libros/casas

▶ No usamos los posesivos cuando nos referimos a partes del propio cuerpo.

- **Me** duele **la** cabeza. ~~Me duele mi cabeza.~~
- **Me** quiero cortar **el** pelo. ~~Quiero cortar mi pelo.~~

▶ Tampoco los usamos para hablar de objetos de los que se supone que poseemos solo una unidad o cuando, por el contexto, está muy claro quién es el propietario.

- ¿Dónde has aparcado **el** coche?
- ¿Tienes **el** pasaporte? Lo vas a necesitar.

▶ Existe otra serie de posesivos.

mío	mía	míos	mías
tuyo	tuya	tuyos	tuyas
suyo	suya	suyos	suyas
nuestro	nuestra	nuestros	nuestras
vuestro	vuestra	vuestros	vuestras
suyo	suya	suyos	suyas

- Estos posesivos se usan para dar y para pedir información sobre a quién pertenece algo.

- ¡Qué lío! Esta bolsa es **tuya** o es **mía**?

MÁS GRAMÁTICA

- Aparecen detrás del sustantivo, que va acompañado del artículo indeterminado o de otros determinantes.

• *Me encanta ese pintor; tengo **dos** obras **suyas**.*

- Con artículos determinados, sutituyendo a un sustantivo ya mencionado o conocido por el interlocutor.

• *Estos no son mis zapatos. ¡Son los **tuyos**!*

PRONOMBRES PERSONALES

La forma de los pronombres personales cambia según el lugar que ocupan en la oración y su función.

EN FUNCIÓN DE SUJETO

1ª pers. singular	yo	• *Yo tengo frío, ¿y tú?*
2ª pers. singular	tú usted	• *Tú tienes la culpa, no yo.*
3ª pers. singular	él, ella	• *Él es músico y ella, cantante.*
1ª pers. plural	nosotros, nosotras	• *Nosotras llegamos a las 5 y los chicos, a las 6h.*
2ª pers. plural	vosotros, vosotras ustedes	• *¿Vosotros habéis bajado a la calle? Alguien ha dejado la puerta abierta...*
3ª pers. plural	ellos, ellas	• *Ellos tienen más experiencia, pero se esfuerzan menos.*

▶ Los pronombres sujeto se utilizan cuando queremos resaltar la persona por oposición a otras o cuando su ausencia puede llevar a confusión, por ejemplo, en la tercera persona.

• *Ustedes trabajan en un banco, ¿verdad?*
○ *Yo sí, pero ella no, ella es abogada.*

▶ **Usted** y **ustedes** son, respectivamente, las formas de tratamiento de respeto en singular y en plural. Se usan en relaciones jerárquicas, con desconocidos de una cierta edad o con personas mayores en general. Hay grandes variaciones de uso según el contexto social o geográfico. Se trata de formas de segunda persona, pero tanto el verbo como los pronombres van en tercera persona.

▶ En Latinoamérica, no se usa nunca **vosotros**: la forma de segunda persona del plural es **ustedes**.

▶ En algunas zonas de Latinoamérica (Argentina, Uruguay y regiones de Paraguay, Colombia y Centroamérica), en lugar de **tú**, se usa **vos**.

▶ Las formas femeninas del plural (**nosotras, vosotras, ellas**) solo se usan cuando todas las componentes son mujeres. Si hay al menos un hombre, se usan las formas masculinas.

CON PREPOSICIÓN

1ª pers. singular	mí*	• *¿Hay algún mensaje para mí?*
2ª pers. singular	ti* usted	• *Estos días, he pensado mucho en ti.*
3ª pers. singular	él, ella	• *Habla con ella: sabe mucho de ese tema.*
1ª pers. plural	nosotros, nosotras	• *El niño es muy pequeño, todavía no viaja sin nosotros.*
2ª pers. plural	vosotros, vosotras ustedes	• *Mi novia os conoce: me ha hablado muy bien de vosotros.*
3ª pers. plural	ellos, ellas	• *Siempre critica a sus hermanas.* ○ *Sí, es verdad. Siempre está contra ellas.*

* Con la preposición **con**: **conmigo** y **contigo**.

¡Atención!

Hay algunas excepciones: las preposiciones **entre, excepto, hasta, incluso, salvo** y **según**.

• *Entre tú y yo ya no hay secretos.*
• *Todos entregaron las tareas excepto tú.*
• *Según tú, ¿quién es el culpable?*

Recuerda

Con **como** y **menos** se usan las formas **yo** y **tú**.

• *Tú eres como yo, te encanta bailar.*

REFLEXIVOS

1ª pers. singular	me ducho
2ª pers. singular	te duchas / se ducha
3ª pers. singular	se ducha
1ª pers. plural	nos duchamos
2ª pers. plural	os ducháis / se duchan
3ª pers. plural	se duchan

EN FUNCIÓN DE COMPLEMENTO DE OBJETO DIRECTO (COD)

1ª pers. singular	me	• ¿**Me** ves bien?
2ª pers. singular	te lo*, la	• **Te** odio. Eres insoportable. • ¿**La** acompaño, señora Lara?
3ª pers. singular	lo*, la	• Mi cumpleaños siempre **lo** celebro con mis amigos.
1ª pers. plural	nos	• **Nos** tuvieron tres horas en la sala de espera.
2ª pers. plural	os los, las	• ¿Quién **os** lleva al cole? • **Los** espero abajo, señores Gil.
3ª pers. plural	los, las	• A las niñas no **las** veo desde el año pasado.

* Cuando el Complemento de Objeto Directo (COD) hace referencia a una persona singular de género másculino, se admite también el uso de la forma **le**: A Luis **lo/le** veo todos los días.

▶ La forma **lo** es, además de un pronombre masculino, un pronombre de OD que puede sustituir a una parte del texto.

• Esto te **lo** he comprado en París, ¿te gusta?

• ¿A qué hora llega Mateo?
 ○ No **lo** sé. ¿Por qué no se **lo** preguntas a Alonso?

EN FUNCIÓN DE COMPLEMENTO DE OBJETO INDIRECTO (COI)

- Los pronombres de COI solo se diferencian de los de COD en las formas de la tercera persona.

- Los pronombres de COI **le** y **les** se convierten en **se** cuando van acompañados de los pronombres de COD **lo**, **la**, **los**, **las**: ~~Le lo~~ pregunto. / **Se lo** pregunto.

1ª pers. singular	me	• No **me** has dicho la verdad. Eres un mentiroso.
2ª pers. singular	te le (se)	• ¿**Te** puedo contar una cosa? • **Le** mando el cheque mañana, señor Ruiz.
3ª pers. singular	le (se)	• ¿Quién **le** hizo esta foto a Montse? Es preciosa...
1ª pers. plural	nos	• Carmen **nos** ha enseñado la ciudad.
2ª pers. plural	os les (se)	• Si queréis, **os** saco yo la foto. • A ustedes, **les** llegará el paquete por correo.
3ª pers. plural	les (se)	• A los chicos no **les** gustó nada la película.

POSICIÓN DEL PRONOMBRE

▶ El orden de los pronombres es: COI + COD + verbo. Los pronombres se colocan siempre delante del verbo conjugado (excepto en Imperativo afirmativo).

• **Te** perdono si **me** das un beso.
• ¿**Os** apetece un té?

• ¿Cómo **te** devuelvo el libro que **me** dejaste?
 ○ Si **se lo** das a Pablo, él **me lo** puede llevar al trabajo.

▶ Con el Infinitivo, el Gerundio y la forma afirmativa del Imperativo, los pronombres se colocan después del verbo y forman una sola palabra.

• Es imposible bañar**se**, el agua está helada.
• Siénta**te** aquí y cuénta**melo** todo.

▶ Con perífrasis y con estructuras como **poder/querer/ir a** + Infinitivo, los pronombres pueden ir delante del verbo conjugado o detrás del Infinitivo, pero nunca entre ambos.

• Tienes que hacer**me** un favor.
• **Me** tienes que hacer un favor.
~~Tienes que me hacer un favor~~

• Quiero pedir**le** el coche a Jaime.
• **Le** quiero pedir el coche a Jaime.
~~Quiero le pedir el coche a Jaime.~~

• ¿Vas a llevar**te** el coche?
• ¿**Te** vas a llevar el coche?
~~¿Vas a te llevar el coche?~~

MÁS GRAMÁTICA

PREPOSICIONES Y LOCUCIONES PREPOSICIONALES

POSICIÓN Y MOVIMIENTO

a dirección, distancia	• Vamos **a** Madrid. • Ávila está **a** 55 kilómetros de aquí.
en ubicación, medio de transporte	• Vigo está **en** Galicia. • Vamos **en** coche.
de procedencia, **lejos/cerca... de**	• Venimos **de** la Universidad. • Caracas está **lejos de** Lima.
desde punto de partida	• He venido a pie **desde** el centro.
entre ubicación en medio de dos o más cosas	• Barcelona está situada **entre** el mar y la montaña. • He encontrado esta postal **entre** mis libros.
hasta punto de llegada	• Podemos ir en metro **hasta** el centro.
por movimiento dentro o a través de un espacio	• Me gusta pasear **por** la playa. • El ladrón entró **por** la ventana.
sobre ubicación superior	• Extienda la masa **sobre** una superficie fría.

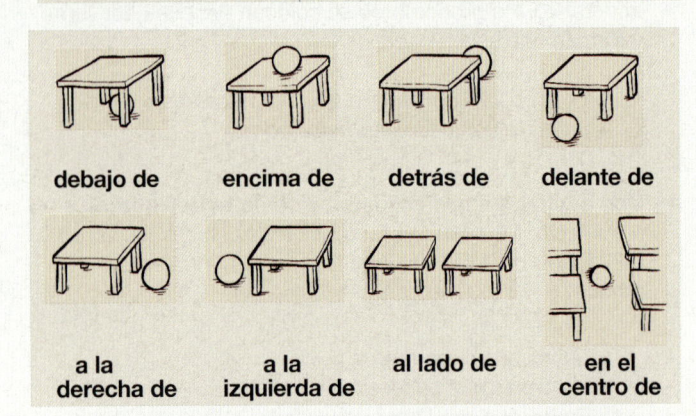

debajo de — encima de — detrás de — delante de

a la derecha de — a la izquierda de — al lado de — en el centro de

¡Atención!
Podemos usar las locuciones anteriores sin la preposición **de** cuando no mencionamos el elemento que sirve de referencia.

• ¿Dónde ponemos el cuadro: a la derecha del sofá o **a la izquierda**?

TIEMPO

a + hora	• Me levanto **a** las ocho.
por + parte del día	• No trabajo **por** la mañana.
de + día/noche	• Prefiero estudiar **de** noche.
desde + punto en el tiempo	• No veo a Juan **desde** 1998.
en + mes/estación/año	• Mi cumpleaños es **en** abril.
antes/después de	• Hago deporte **antes de** cenar.
de + inicio **a** + fin	• Trabajamos **de** 9 **a** 6h. • Estaremos aquí **del** 2 **al*** 7 de abril.
hasta + punto en el tiempo	• Te esperé **hasta** las cinco.

* Recuerda que **a** + **el** = **al**; **de** + **el** = **del**.

OTROS USOS

A
modo: **a la plancha, al horno**
COD (persona): **Hemos visto a Pablo en el centro.**

DE
material: **de lana**
partitivo, con sustantivos no contables: **un poco de pan, 200 gramos de queso**

POR/PARA
por + causa: **Viaja mucho por su trabajo.**
para + finalidad: **Necesito dinero para pagar el teléfono.**
para + destinatario: **Estos libros son para tu hermana.**

CON
compañía: **¿Fuiste al cine con Patricia?**
acompañamiento: **pollo con patatas**
instrumento: **He cortado el papel con unas tijeras.**
composición: **una casa con muchas ventanas**

SEGÚN
opinión: **Según tú, ¿quién tiene la razón, ella o yo?**

SIN
ausencia: **Yo prefiero tomar el café sin azúcar.**

SOBRE
tema: **Tengo que escribir un texto sobre el cine de mi país.**

INTERROGATIVOS

Los pronombres y los adverbios interrogativos reemplazan al elemento desconocido en preguntas de respuesta abierta.

QUÉ, CUÁL/CUÁLES

▶ En preguntas abiertas sin referencia a ningún sustantivo, usamos **qué** para preguntar por cosas.

• **¿Qué** habéis hecho durante estas vacaciones?

▶ Cuando preguntamos por una cosa o por una persona dentro de un conjunto, usamos **qué** o **cuál/cuáles** dependiendo de si aparece o no el sustantivo.

• **¿Qué** <u>museos</u> habéis visitado?

• Nos encantó el Museo Picasso.
○ **¿Cuál?** ¿El de Barcelona o el de Málaga?

OTROS INTERROGATIVOS

Para preguntar por...		
personas	quién/es	• **¿Quién** ha traído estas flores?
cantidad	cuánto/a/os/as	• **¿Cuántas** veces has estado en España?
un lugar	dónde	• **¿Dónde** tienes el móvil?
un momento en el tiempo	cuándo	• **¿Cuándo** llegaste a Alemania?
el modo	cómo	• **¿Cómo** fuiste? ¿En avión?
el motivo	por qué	• **¿Por qué** te ríes?
la finalidad	para qué	• **¿Para qué** me has llamado?

➡ **Recuerda**
- Todos los interrogativos llevan tilde.
- Cuando el verbo va acompañado de preposición, esta se coloca antes del interrogativo.

• **¿Con quién** has estado hoy?
○ **Con** Edu.

• **¿Desde dónde** llamas?
○ **Desde** una cabina.

• **¿Sobre qué** trató la conferencia?
○ **Sobre** reciclaje.

• **¿Hasta cuándo** te quedas?
○ **Hasta** el martes.

• **¿Para cuántas** personas es esta mesa?
○ **Para** ocho como máximo.

- Las preguntas de respuesta cerrada (respuesta **sí** o **no**) se forman igual que las frases enunciativas; simplemente cambia la entonación.

• Edu va mucho a los Estados Unidos.
• ¿Edu va mucho a los Estados Unidos?

MARCADORES TEMPORALES

PARA EXPRESAR FRECUENCIA

```
siempre                                              +
casi siempre / generalmente / por lo general
/ normalmente
a menudo / con frecuencia / muchas veces
a veces
de vez en cuando
raramente / muy pocas veces
casi nunca
nunca
jamás                                                −

los lunes/los martes...
todos los lunes/los días/los meses/los veranos...
todas las mañanas/las tardes/las noches...
cada día/semana/mes/primavera/año...
```

• **Casi siempre** ceno en casa.
• Yo voy al cine **muy pocas veces**.
• Deberías caminar un poco **todos los días**.

> ❗ **¡Atención!**
> Con **todos los días**, hablamos de algo común a todos los días, algo que se repite. Con **cada día** nos referimos a los días como unidades independientes.
>
> • Como fuera **todos los días**, pero **cada día** en un sitio diferente.

PARA ESPECIFICAR EL NÚMERO DE VECES QUE SE HA REALIZADO ALGO

```
muchas veces
2/3... veces
alguna vez
una vez
casi nunca
nunca
jamás
```

• ¿Habéis estado **alguna vez** en México?
○ Yo estuve **una vez** hace muchos años.
■ Yo he estado **muchas veces**.
▫ Pues yo no he estado **nunca**.

MÁS GRAMÁTICA

PARA SITUAR EN EL PRESENTE

ahora
actualmente
en este momento
hoy
hoy en día

- *Alejandro Sanz, que **actualmente** vive en Miami, está pasando unos días en España.*
- ***Hoy en día** es difícil encontrar un buen trabajo.*

PARA SITUAR EN UN PASADO VINCULADO AL PRESENTE

este mes/ año/verano...
esta semana...
esta mañana/ tarde/noche
hace poco
hace un rato / hace cinco minutos
hoy

- ***Este mes** he tenido mucho trabajo.*

- *¿Alguien sabe dónde está Marcos?*
- *Yo lo he visto en la cafetería **hace cinco minutos**.*

PARA SITUAR EN UN PASADO NO VINCULADO AL PRESENTE

ayer
anteayer
un día
el otro día
una vez
el 15 de enero de 2003
en enero
en 2003
el jueves (pasado)
la semana pasada
el verano/año/mes pasado
hace tres meses
de niño...

- *¿Sabes? **El otro día** me leyeron el futuro en el café.*
- *¿Sí? A mí **una vez**, **hace** años, me lo hicieron, pero no acertaron en nada.*

RELACIONAR ACCIONES: ANTERIORIDAD Y POSTERIORIDAD

antes (de)
luego
después (de)
más tarde
unos minutos / un rato / unos días **después**
unos minutos / un rato / unas horas **más tarde**

- ***Antes** tenía el pelo largo, pero me lo corté porque era incómodo.*
- *He ido a la Universidad, pero **antes** he pasado por casa de Julia a buscar unas cosas.*
- ***Antes de** casarme pasé un tiempo en Colombia.*
- *Tómese una pastilla **antes de** cada comida.*
- *Yo llegué a las cinco y Alberto **un rato después**.*

REFERIRNOS A UN MOMENTO YA MENCIONADO

entonces
en aquella época
en aquellos tiempos
en ese momento

- *Yo vivía en un pueblo. **Entonces** no había televisión y jugábamos siempre en la calle.*
- *Me metí en la ducha y **entonces** llegó él.*
- *Mi abuela nació a mediados del siglo XX. **En aquella época** no había electricidad en su pueblo.*

REFERIRNOS A UN MOMENTO FUTURO

mañana
pasado mañana
dentro de un rato/dos semanas/tres meses...
la semana/el mes... que viene
la semana/el mes próxima/o
el lunes (que viene/próximo)...
este lunes/verano/año...
el uno de enero de 2025
el día 25...

- ***Mañana** voy a ir a la playa. ¿Quieres venir?*
- *Han dicho en la tele que **la semana que viene** lloverá.*
- ***Este año** voy a intentar cuidarme más.*
- *Llegaremos al aeropuerto de Madrid **dentro de** diez minutos.*

PARA HABLAR DE LA DURACIÓN

► **Hace** relaciona el momento en el que hablamos con el momento en el que ocurrió algo poniendo el énfasis en la cantidad de tiempo transcurrido.

- *Terminé mis estudios **hace** diez años.*

► **Desde** hace referencia al momento en el que se inicia algo.

- *Trabajo en esta empresa **desde** 1998.*

► **Hasta** hace referencia al límite temporal de una acción.

- *Me quedaré **hasta** las diez.*
- *Vivió en París **hasta** 2001.*

▶ **Desde hace** expresa el tiempo transcurrido desde el comienzo de una acción que continúa en el presente.

- Trabajo en esta empresa **desde hace** siete años.

MARCADORES ESPACIALES

aquí / acá*
ahí
allí / allá
cerca (de) / lejos (de)
dentro (de) / fuera (de)
arriba / abajo

* **Aquí** no se usa en algunas variantes americanas, especialmente en la del Río de la Plata, donde se prefiere la forma **acá**.

COMPARAR

SUPERIORIDAD

Con nombres.

- Madrid tiene **más** parques **que** Barcelona.

Con adjetivos.

- Madrid es **más** grande **que** Barcelona.

Con verbos.

- Antes comía **más que** ahora.

Formas especiales:

más bueno/a: **mejor**
más malo/a: **peor**
más grande: **mayor**

> **¡Atención!**
> **Mayor (que)** suele usarse, sobre todo, para indicar "mayor edad" o en comparaciones abstractas.
>
> - Antonio es **mayor que** Andrés.
> - Este producto tiene **mayor** aceptacion entre los jóvenes.

IGUALDAD

Con nombres

- En nuestra casa hay **tanto** espacio / **tanta** luz / **tantos** balcones / **tantas** habitaciones **como** aquí.

- Carlos y yo tenemos **el mismo** coche. / **la misma** edad. / **los mismos** gustos. / **las mismas** aficiones.

> **¡Atención!**
> Ana y yo comemos **lo mismo** puede significar dos cosas:
> "Ana y yo comemos las mismas cosas"
> "Ana come tanto como yo (la misma cantidad)"

Con adjetivos

- Aquí las casas son **tan** caras **como** en mi ciudad.

Con verbos

- Aquí la gente sale **tanto como** en España.

INFERIORIDAD

Con nombres

- Prefiero dormir en esta habitación porque hay **menos** ruido **que** en la otra.

- En nuestra casa **no** hay **tanto** espacio / **tanta** luz / **tantos** balcones / **tantas** habitaciones **como** aquí.

Con adjetivos

- La segunda parte de la novela es mucho **menos** entretenida **que** la primera.
- Aquí los trenes **no** son **tan** caros **como** en mi país.

Con verbos

- Desde que tuvimos el niño dormimos **menos que** antes.
- Ahora **no** como **tanto como** antes.

VERBOS

▶ **CONJUGACIONES**

En español existen tres conjugaciones, que se distinguen por las terminaciones: **-ar** (primera conjugación), **-er** (segunda) e **-ir** (tercera). Las formas de los verbos de la segunda y de la tercera conjugación son muy similares. La mayoría de las irregularidades se dan en estos dos grupos.

MÁS GRAMÁTICA

▶ En el verbo se pueden distinguir dos elementos: la raíz y la terminación. La raíz se obtiene al quitar al Infinitivo la terminación (-**ar**, -**er**, -**ir**). La terminación nos proporciona la información referente al modo, al tiempo, a la persona y al número.

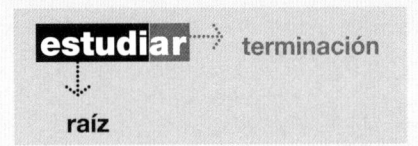

estudiar ⟶ terminación
↓
raíz

▶ Las irregularidades afectan solo a la raíz del verbo. Solo se encuentran terminaciones irregulares en el Indefinido.

VERBOS REFLEXIVOS

▶ Son verbos que se conjugan con los pronombres reflexivos **me**, **te**, **se**, **nos**, **os**, **se**: **llamarse**, **levantarse**, **bañarse**...

- *(Yo) **me** llamo Abel. (llamarse)*

▶ Hay verbos que, como **acordar**, **ir** o **quedar**, cambian de significado con el pronombre reflexivo.

- *¿Qué **acordasteis** en la reunión?*
- *¿**Te acuerdas** de Pablo?*

- ***Vamos** al cine.*
- ***Nos vamos** de aquí.*

- *¿**Quedamos** a las cinco?*
- *¿Vienes o **te quedas**?*

▶ Otros verbos pueden convertirse en reflexivos cuando la acción recae en el propio sujeto.

- *Marcela lava la ropa.*
- *Marcela **se** lava.*
- *Marcela **se** lava las manos.*

VERBOS QUE FUNCIONAN COMO GUSTAR

▶ Existe un grupo de verbos (**gustar**, **encantar**, **apetecer**, **interesar**, etc.) que se conjugan casi siempre en tercera persona (del singular si van seguidos de un nombre en singular o de un Infinitivo; y del plural si van seguidos de un sustantivo en plural). Estos verbos van acompañados siempre de los pronombres de COI **me**, **te**, **le**, **nos**, **os**, **les** y expresan sentimientos y opiniones respecto a cosas, personas o actividades.

(A mí)	me		
(A ti)	te		el cine (NOMBRES EN SINGULAR)
(A él/ella/usted)	le	gusta	ir al cine (VERBOS)
(A nosotros/nosotras)	nos	gustan	las películas de acción
(A vosotros/vosotras)	os		(NOMBRES EN PLURAL)
(A ellos/ellas/ustedes)	les		

- ***Me cuesta** mucho pronunciar las erres.*
- *A Sara **le encanta** Alejandro Sanz.*
- *¿Qué **os parece** este cuadro?*
- ***Me duelen** mucho los pies.*
- *¿**Os ha caído bien** el novio de Puri?*

▶ En estos verbos, se usa **a** + pronombre tónico (**a mí**, **a ti**, **a él/ella/usted**, **a nosotros/as**, **a vosotros/as**, **a ellos/ellas/ustedes**) cuando queremos contrastar diferentes personas.

- *¿Y **a vosotros** qué **os ha parecido** la película?*
- *○ **A mí me ha encantado**.*
- *■ Pues **a mí me ha parecido** muy aburrida.*

PRESENTE DE INDICATIVO

	hablar	comer	escribir
(yo)	hablo	como	escribo
(tú)	hablas	comes	escribes
(él/ella/usted)	habla	come	escribe
(nosotros/nosotras)	hablamos	comemos	escribimos
(vosotros/vosotras)	habláis	coméis	escribís
(ellos/ellas/ustedes)	hablan	comen	escriben

- La terminación de la primera persona del singular es igual en las tres conjugaciones.

- Las terminaciones de la tercera conjugación son iguales que las de la segunda excepto en la primera y en la segunda personas del plural (**nosotros/as**, **vosotros/as**).

▶ Usamos el Presente de Indicativo para:

- hacer afirmaciones atemporales: *Una semana **tiene** siete días.*
- hablar de hechos que se producen con una cierta frecuencia o regularidad: ***Como** en casa todos los días.*
- hablar del presente cronológico: ***Hace** muy buen tiempo.*
- pedir cosas y acciones en preguntas: *¿**Me prestas** un boli?*
- hablar de intenciones firmes: *Mañana te **devuelvo** el libro.*
- relatar en presente histórico: *Pío Baroja **nace** en San Sebastián en 1872.*
- formular hipótesis: *Si me **toca** la lotería, dejo de trabajar.*
- dar instrucciones: ***Sigues** todo recto y **giras** a la derecha.*

IRREGULARIDADES EN PRESENTE

Diptongación: e > ie, o > ue

► Muchos verbos de las tres conjugaciones tienen esta irregularidad en Presente. Este fenómeno no afecta ni a la primera ni a la segunda personas del plural.

	pensar	poder
(yo)	p**ie**nso	p**ue**do
(tú)	p**ie**nsas	p**ue**des
(él/ella/usted)	p**ie**nsa	p**ue**de
(nosotros/nosotras)	pensamos	podemos
(vosotros/vosotras)	pensáis	podéis
(ellos/ellas/ustedes)	p**ie**nsan	p**ue**den

Cierre vocálico: e > i

► El cambio de **e** por **i** se produce en muchos verbos de la tercera conjugación en los que la última vocal de la raíz es **e**, como **seguir**, **pedir**, **decir** o **freír**.

	seguir
(yo)	s**i**go
(tú)	s**i**gues
(él/ella/usted)	s**i**gue
(nosotros/nosotras)	seguimos
(vosotros/vosotras)	seguís
(ellos/ellas/ustedes)	s**i**guen

G en la primera persona del singular

► Existe un grupo de verbos que intercalan una **g** en la primera persona del singular.

sal**ir** sal**go** pon**er** pon**go** val**er** val**go** hac**er** ha**go**

► Esta irregularidad puede aparecer sola, como en **salir** o en **poner**, o en combinación con diptongación en las otras personas, como en **tener** o en **venir**.

	tener	venir
(yo)	ten**go**	ven**go**
(tú)	t**ie**nes	v**ie**nes
(él/ella/usted)	t**ie**ne	v**ie**ne
(nosotros/nosotras)	tenemos	venimos
(vosotros/vosotras)	tenéis	venís
(ellos/ellas/ustedes)	t**ie**nen	v**ie**nen

ZC en la primera persona del singular

► Los verbos terminados en **-acer**, **-ecer**, **-ocer** y **-ucir** también son irregulares en la primera persona del singular.

cono**cer** cono**zco**   produ**cir** produ**zco**
obede**cer** obede**zco** na**cer** na**zco**

Cambios ortográficos

► Atención a las terminaciones en **-ger**, **-gir** y **-guir**. Debemos tener en cuenta las reglas ortográficas al conjugarlos.

esco**ger** escojo   ele**gir** elijo   se**guir** sigo

PRETÉRITO PERFECTO

	Presente de haber	+ Participio
(yo)	he	
(tú)	has	
(él/ella/usted)	ha	habl**ado**
(nosotros/nosotras)	hemos	com**ido**
(vosotros/vosotras)	habéis	viv**ido**
(ellos/ellas/ustedes)	han	

► El Pretérito Perfecto se forma con el Presente del auxiliar **haber** y el Participio pasado (**cantado**, **leído**, **vivido**).

► El Participio pasado es invariable. El auxiliar y el Participio son una unidad, no se puede colocar nada entre ellos. Los pronombres se colocan siempre delante del auxiliar.

- *Las hemos comprado* esta semana.   ~~Las hemos compradas esta semana.~~

- *Ya hemos cerrado.*   ~~Hemos ya cerrado.~~

► Usamos el Pretérito Perfecto para referirnos a acciones o a acontecimientos ocurridos en un momento pasado no definido. No se dice cuándo ha ocurrido la acción porque no interesa o no se sabe. Se acompaña de marcadores como **ya/todavía no**; **siempre/nunca/alguna vez/una vez/dos veces/muchas veces**.

- *¿**Ya has hecho** los deberes?*
  ∘ *No, es que **todavía no he tenido** tiempo.*

- ***Nunca he probado** la paella.*
- *¿**Has estado alguna vez** en Murcia?*
- ***Siempre he tenido** ganas de estudiar música.*

► También usamos el Pretérito Perfecto para situar una acción en un tiempo que tiene relación con el presente.

- *Este mes **he trabajado** mucho.*
- *Esta semana **ha hecho** un calor insoportable.*

► Y para referirnos a acciones muy vinculadas al momento actual.

- *Hace un rato **he hablado** con tu hermana.*

MÁS GRAMÁTICA

PRETÉRITO INDEFINIDO

	hablar	beber	escribir
(yo)	hablé	bebí	escribí
(tú)	hablaste	bebiste	escribiste
(él/ella/usted)	habló	bebió	escribió
(nosotros/nosotras)	hablamos	bebimos	escribimos
(vosotros/vosotras)	hablasteis	bebisteis	escribisteis
(ellos/ellas/ustedes)	hablaron	bebieron	escribieron

► El Pretérito Indefinido se usa para relatar acciones ocurridas en un pasado concreto, no relacionado con el presente, que se presentan como concluidas. Se acompaña de marcadores como:

- fechas (**en 1990, en 2003, el 8 de septiembre, en enero**...)
- **ayer, anoche, anteayer**
- **el lunes, el martes**...
- **el mes pasado, la semana pasada**, etc.

• Anoche **cené** con unos amigos.
• El mes pasado **descubrí** un restaurante genial.

IRREGULARIDADES EN EL PRETÉRITO INDEFINIDO

Cierre vocálico: e > i, o > u

► El cambio de **e** por **i** se produce en muchos verbos de la tercera conjugación en los que la última vocal de la raíz es **e**, como **pedir**. La **e** se convierte en **i** en las terceras personas del singular y del plural. Sucede lo mismo con los verbos de la tercera conjugación en los que la última vocal de la raíz es **o**, como **dormir**. En estos casos, la **o** se convierte en **u** en las terceras personas del singular y del plural.

	pedir	dormir
(yo)	pedí	dormí
(tú)	pediste	dormiste
(él/ella/usted)	pidió	durmió
(nosotros/nosotras)	pedimos	dormimos
(vosotros/vosotras)	pedisteis	dormisteis
(ellos/ellas/ustedes)	pidieron	durmieron

Ruptura del triptongo

► Cuando la raíz de un verbo en **-er/-ir** termina en vocal, en las terceras personas la **i** se convierte en **y**.

caer   cayó/cayeron
huir   huyó/huyeron
construir   construyó/construyeron

Cambios ortográficos

Atención a los verbos que terminan en **-car, -gar, -guar** y **-zar**. Hay que tener en cuenta las reglas ortográficas al conjugarlos.

acercar   acerqué
llegar   llegué
averiguar   averigüé
almorzar   almorcé

Verbos con terminaciones irregulares

► Todos los siguientes verbos presentan irregularidades propias en la raíz y tienen unas terminaciones especiales independientemente de la conjugación a la que pertenezcan.

andar	anduv-	poder	pud-		-e
conducir*	conduj-	poner	pus-		-iste
decir*	dij-	querer	quis-	+	-o
traer*	traj-	saber	sup-		-imos
estar	estuv-	tener	tuv-		-isteis
hacer	hic-/hiz-	venir	vin-		-ieron

* En la tercera persona del plural, la **i** desaparece (**condujeron, dijeron, trajeron**). Se conjugan así todos los verbos terminados en **-ucir**.

¡Atención!
En la primera y en la tercera personas del singular de los verbos regulares, la última sílaba es tónica; en los irregulares, en cambio, la sílaba tónica es la penúltima.

Verbos ir y ser

► Los verbos **ir** y **ser** tienen la misma forma en Indefinido.

	ir/ser
(yo)	fui
(tú)	fuiste
(él/ella/usted)	fue
(nosotros/nosotras)	fuimos
(vosotros/vosotras)	fuisteis
(ellos/ellas/ustedes)	fueron

PRETÉRITO IMPERFECTO

	hablar	beber	vivir
(yo)	hablaba	bebía	vivía
(tú)	hablabas	bebías	vivías
(él/ella/usted)	hablaba	bebía	vivía
(nosotros/nosotras)	hablábamos	bebíamos	vivíamos
(vosotros/vosotras)	hablabais	bebíais	vivíais
(ellos/ellas/ustedes)	hablaban	bebían	vivían

► Casi no hay irregularidades en el Pretérito Imperfecto, a excepción de los verbos **ir** y **ser**, y del verbo **ver**.

	ir	ser	ver
(yo)	iba	era	veía
(tú)	ibas	eras	veías
(él/ella/usted)	iba	era	veía
(nosotros/nosotras)	íbamos	éramos	veíamos
(vosotros/vosotras)	ibais	erais	veíais
(ellos/ellas/ustedes)	iban	eran	veían

▶ Usamos el Pretérito Imperfecto para describir las circunstancias que rodean a un acontecimiento pasado.

- *Como **estábamos** cansados, nos quedamos en casa.*
- *Ayer no **tenía** ganas de estar en casa y me fui al cine.*

▶ También lo usamos para realizar descripciones en pasado.

- *Ayer vi a Marta. **Estaba** guapísima.*
- *La casa de mis abuelos **era** enorme y **tenía** muchas habitaciones.*

▶ Lo empleamos, asimismo, para hablar de costumbres en el pasado.

- *De niño, siempre **iba** a visitar a mis abuelos al campo.*
- *En mi época de estudiante, **dormía** muy poco.*

RELATAR EN PASADO

▶ Un relato es una sucesión de hechos que contamos utilizando el Pretérito Indefinido o el Perfecto. Hacemos avanzar la historia con cada nuevo hecho que presentamos.

- *Aquel día Juan no **oyó** el despertador y **se despertó** media hora tarde. **Salió** de casa sin desayunar y **tomó** un taxi. Por suerte, **consiguió** llegar a tiempo al aeropuerto.*

▶ En cada hecho podemos "detener la acción" y "mirar" las circunstancias que lo rodean. Para ello, usamos el Imperfecto.

- *Aquel día Juan **estaba** muy cansado y no oyó el despertador, así que se despertó media hora tarde. Como no **tenía** tiempo, salió de casa sin desayunar y tomó un taxi. Por suerte, no **había** mucho tráfico y consiguió llegar al aeropuerto a tiempo.*

▶ La elección que hacemos entre Perfecto/Indefinido e Imperfecto no depende de la duración de las acciones, sino de la manera en la que queremos presentarlas y de su función en el relato.

- *Ayer, como **estaba lloviendo**, no **salí**.* (no interesa el fin de la lluvia; la presentamos como una circunstancia de "no salir")
- *Ayer, **estuvo lloviendo** todo el día y no **salí**.* (informo de la duración de la lluvia y del hecho de "no salir")

FUTURO

▶ El Futuro se forma añadiendo al Infinitivo las terminaciones **-é**, **-ás**, **-á**, **-emos**, **-éis** y **-án**.

	hablar	beber	vivir
(yo)	hablaré	beberé	viviré
(tú)	hablarás	beberás	vivirás
(él/ella/usted)	hablará	beberá	vivirá
(nosotros/nosotras)	hablaremos	beberemos	viviremos
(vosotros/vosotras)	hablaréis	beberéis	viviréis
(ellos/ellas/ustedes)	hablarán	beberán	vivirán

▶ Hay muy pocos verbos irregulares. Estos presentan un cambio en la raíz, pero tienen las mismas terminaciones que los verbos regulares.

tener	tendr-	hacer	har-		-é
salir	saldr-	decir	dir-		-ás
haber	habr-	querer	querr-	+	-á
poner	pondr-	saber	sabr-		-emos
poder	podr-	caber	cabr-		-éis
venir	vendr-				-án

▶ Usamos el Futuro para referirnos al futuro cronológico de una manera neutra. Lo utilizamos para hacer predicciones o para expresar que algo ocurrirá inexorablemente.

- *Mañana **hará** sol en todo el país.*
- *Las cartas dicen que **tendrás** muchos hijos.*
- ***Aterrizaremos** en cinco minutos.*
- *El sol **saldrá** mañana a las 6.42h.*

▶ También usamos este tiempo para formular hipótesis sobre el futuro, normalmente acompañado por marcadores como **seguramente**, **probablemente**, **posiblemente**, **seguro que**, **creo que**, etc.

- *¿Qué vas a hacer esta noche?*
- *Pues **seguramente me quedaré** en casa. ¿Y tú?*
- *Yo **creo que saldré** a cenar por ahí.*

IMPERATIVO

IMPERATIVO AFIRMATIVO

El Imperativo afirmativo en español tiene cuatro formas: **tú** y **vosotros/as** (más informal), **usted** y **ustedes** (más formal).

	pensar	comer	dormir
(tú)	piensa	come	duerme
(vosotros/as)	pensad	comed	dormid
(usted)	piense	coma	duerma
(ustedes)	piensen	coman	duerman

MÁS GRAMÁTICA

- La forma para **tú** se obtiene eliminando la **-s** final de la forma correspondiente del Presente:

    estudias **estudia**   comes **come**   cierras **cierra**

    > **¡Atención!**
    > Algunos verbos irregulares no siguen esta regla.
    > poner **pon**   hacer **haz**   venir **ven**
    > salir **sal**   tener **ten**   decir **di**

- La forma para **vosotros** se obtiene sustituyendo la **-r** final del Infinitivo por una **-d**:

    estudia**r** estudia**d**   come**r** come**d**   cerra**r** cerra**d**

- Las formas para **usted** y **ustedes** se obtienen cambiando la vocal temática de la forma correspondiente del Presente:

    estudi**a** estudi**e**   com**e** com**a**   cierr**a** cierr**e**
    estudi**an** estudi**en** com**en** com**an** cierr**an** cierr**en**

    > **¡Atención!**
    > Los verbos que son irregulares en la primera persona del Presente tienen en Imperativo una raíz irregular.
    > pongo **ponga/n**   hago **haga/n**
    > salgo **salga/n**   tengo **tenga/n**
    > vengo **venga/n**   digo **diga/n**
    > traigo **traiga/n** conozco **conozca/n**

- Los verbos **ser** e **ir** presentan formas especiales.

	ser	ir
(tú)	sé	ve
(vosotros/as)	sed	id
(usted)	sea	vaya
(ustedes)	sean	vayan

- Recuerda que, con el Imperativo afirmativo, los pronombres van después del verbo y forman una sola palabra.

    • Devuélve**me** las llaves y ve**te**.

    > **¡Atención!**
    > En los verbos reflexivos, cuando combinamos la forma de **vosotros** con el pronombre **os** desaparece la **-d** final.
    > • Niños, sent**aos** y tom**aos** la sopa.

IMPERATIVO NEGATIVO

	pensar	comer	dormir
(tú)	no piens**es**	no com**as**	no duerm**as**
(vosotros/as)	no pens**éis**	no com**áis**	no durm**áis**
(usted)	no piens**e**	no com**a**	no duerm**a**
(ustedes)	no piens**en**	no com**an**	no duerm**an**

- Fíjate en que las formas para **usted** y **ustedes** son las mismas que las del Imperativo afirmativo.

- Para los verbos en **-ar**, el Imperativo negativo se obtiene sustituyendo la **a** de las terminaciones del Presente de Indicativo por una **e**.

    Presente   Imperativo
    hablas   ➡ no hables
    habla   ➡ no hable
    habláis ➡ no habléis
    hablan   ➡ no hablen

- Para los verbos en **-er/-ir**, el Imperativo negativo se obtiene sustituyendo la **e** de las terminaciones del Presente de Indicativo por una **a** (excepto para la forma **vosotros** de los verbos en **-ir**: **-ís** ➡ **-áis**).

    Presente   Imperativo   Presente   Imperativo
    comes   ➡ no comas   vives   ➡ no vivas
    come   ➡ no coma   vive   ➡ no viva
    coméis ➡ no comáis   vivís   ➡ no viváis
    come   ➡ no coma   viven   ➡ no vivan

    > **¡Atención!**
    > Los verbos que son irregulares en la primera persona del Presente tienen en Imperativo negativo una raíz irregular para todas las personas.
    >
    > pongo ➡ no pongas
    >   no ponga
    >   no pongáis
    >   no pongan

- Presentan formas especiales los verbos **ser**, **estar** e **ir**.

    ser   ➡ no seas, no sea, no seáis, no sean
    estar ➡ no estés, no esté, no estéis, no estén
    ir   ➡ no vayas, no vaya, no vayáis, no vayan

- Recuerda que, con el Imperativo negativo, los pronombres van delante del verbo.

    • ¡No **me digas** lo que tengo que hacer!

▶ Usamos el Imperativo para dar instrucciones.

• *Retire* el plástico protector y *coloque* el aparato sobre una superficie estable.

▶ Para conceder permiso.

• ¿Puedo entrar un momento?
○ Sí, claro. **Pasa, pasa**.

▶ Para ofrecer algo.

• **Toma, prueba** estas galletas. Están buenísimas.

▶ Para aconsejar.

• No sé qué hacer. Esta noche tengo una cena de trabajo y no sé qué ponerme.
○ **Ponte** el vestido azul, ¿no? Te queda muy bien.

> **¡Atención!**
>
> A veces usamos el Imperativo para dar órdenes o pedir acciones, pero solo en situaciones muy jerarquizadas o de mucha confianza. Solemos suavizar este uso con elementos como **por favor, venga, ¿te importa?**, etc., o justificando la petición.
>
> • **Por favor**, Gutiérrez, **hágame** diez copias de estos documentos.
> • **Ven** conmigo a comprar, **venga**, que yo no puedo con todas las bolsas.

PARTICIPIO

▶ El Participio pasado se forma agregando las terminaciones -**ado** en los verbos de la primera conjugación e -**ido** en los verbos de la segunda y de la tercera conjugación.

cantar ⇒ cant**ado**   beber ⇒ beb**ido**
                        vivir ⇒ viv**ido**

▶ Hay algunos participios irregulares.

abrir* ⇒ **abierto**	decir ⇒ **dicho**	ver ⇒ **visto**
escribir ⇒ **escrito**	hacer ⇒ **hecho**	volver ⇒ **vuelto**
morir ⇒ **muerto**	poner ⇒ **puesto**	romper ⇒ **roto**

* Todos los verbos terminados en -**brir** tienen un Participio irregular acabado en -**bierto**.

▶ El Participio tiene dos funciones. Como verbo, acompaña al auxiliar **haber** en los tiempos verbales compuestos y es invariable. Como adjetivo, concuerda con el sustantivo en género y en número y se refiere a situaciones o estados derivados de la acción del verbo. Por eso, en esos casos, se utiliza muchas veces con el verbo **estar**.

Marcos se **ha sorprendido**. ⇒ Marcos está **sorprendido**.
Han pintado las paredes. ⇒ Las paredes están **pintadas**.
Han encendido la luz. ⇒ La luz está **encendida**.

GERUNDIO

▶ El Gerundio se forma añadiendo la terminación -**ando** a los verbos en -**ar** y la terminación -**iendo** a los verbos en -**er**/-**ir**.

cantar ⇒ cant**ando**   beber ⇒ beb**iendo**
                         vivir ⇒ viv**iendo**

▶ Son irregulares los gerundios de los verbos en -**ir** cuya última vocal de la raíz es **e** u **o** (**pedir, sentir, seguir, decir, reír, freír, mentir**, etc.; **dormir, morir**).

pedir ⇒ p**i**diendo   dormir ⇒ d**u**rmiendo

▶ Cuando la raíz de los verbos en -**er** o en -**ir** acaba en vocal, la terminación del Gerundio es -**yendo**.

traer ⇒ tra**yendo**   construir ⇒ constru**yendo**

> **Recuerda**
>
> Con el Gerundio, los pronombres se colocan después del verbo, formando una sola palabra.
>
> • Puedes mejorar tu español **relacionándote** con nativos.

▶ El Gerundio puede formar perífrasis con verbos como **estar, llevar, seguir, continuar**, etc.

• Estos días **estoy trabajando** demasiado. Necesito un descanso.

• ¿Cuánto tiempo **llevas viviendo** en el barrio?

• ¿Y cómo va todo? ¿**Sigues trabajando** en la misma empresa?
○ Sí, yo como siempre y Marta también **continúa dando** clases.

▶ También usamos el Gerundio para explicar de qué manera se realiza una acción.

• ¿Sabes qué le pasa a Antonio? Ha salido **llorando**.

• ¿Y cómo consigues estar tan joven?
○ Pues **haciendo** ejercicio todos los días, **comiendo** sano y **durmiendo** ocho horas al día.

> **¡Atención!**
>
> En este tipo de frases, para expresar la ausencia de una acción, usamos **sin** + Infinitivo en lugar de **no** + Gerundio.
>
> • ¿Qué le pasa a Antonio? Ha salido corriendo **sin decir** nada.

MÁS GRAMÁTICA

ESTAR + GERUNDIO

▶ Usamos **estar** + Gerundio cuando presentamos una acción o una situación presente como algo temporal o no definitivo.

(yo)	**estoy**	
(tú)	**estás**	
(él/ella/usted)	**está**	+ Gerundio
(nosotros/nosotras)	**estamos**	
(vosotros/vosotras)	**estáis**	
(ellos/ellas/ustedes)	**están**	

• ¿**Estás viviendo** en Londres? ¡No lo sabía!

▶ A veces, podemos expresar lo mismo en Presente con un marcador temporal: **últimamente, desde hace algún tiempo**...

• Desde hace algunos meses **voy** a clases de yoga.

▶ Cuando queremos especificar que la acción se está desarrollando en el momento preciso en el que estamos hablando, solo podemos usar **estar** + Gerundio.

• No te puede oír, **está escuchando** música en su cuarto.
 ~~No te puede oír, escucha música en su cuarto.~~

▶ Usamos **estar** en Pretérito Perfecto, Indefinido o Imperfecto + Gerundio para presentar las acciones en su desarrollo.

PRETÉRITO PERFECTO

• Esta tarde **hemos estado probando** la tele nueva.
• Estos días **han estado arreglando** el ascensor.
• Juan **ha estado** un año **preparando** las oposiciones.

PRETÉRITO INDEFINIDO

• Ayer **estuvimos probando** la tele nueva.
• El otro día **estuvieron arreglando** el ascensor.
• Juan **estuvo** un año **preparando** las oposiciones.

PRETÉRITO IMPERFECTO

• Esta tarde **estábamos probando** la tele nueva y, de repente, se ha ido la luz.
• El otro día, cuando llegué con las bolsas de la compra, **estaban arreglando** el ascensor y tuve que subir a pie los cinco pisos.
• Cuando conocí a Juan, **estaba preparando** las oposiciones.

> **¡Atención!**
> Si queremos expresar la ausencia total de una acción durante un periodo de tiempo, podemos usar **estar sin** + Infinitivo.
>
> • Paco **ha estado** dos días **sin hablar** con nadie. ¿Tú crees que le pasa algo?

IMPERSONALIDAD

▶ En español, podemos expresar la impersonalidad de varias maneras. Una de ellas es con la construcción **se** + verbo en tercera persona.

• El gazpacho **se hace** con tomate, pimiento, cebolla, ajo...

▶ Otra manera de expresar impersonalidad, cuando no podemos o no nos interesa especificar quién realiza una acción, es usar la tercera persona del plural.

• ¿Sabes si ya **han arreglado** la calefacción?
• ¿Te has enterado? **Han descubierto** un nuevo planeta.

SER/ESTAR/HABER

▶ Para ubicar algo en el espacio, usamos el verbo **estar**.

• El ayuntamiento **está** bastante lejos del centro.

▶ Pero si informamos acerca de la existencia, usamos **hay** (del verbo **haber**). Es una forma única para el presente, y solo existe en tercera persona. Se utiliza para hablar tanto de objetos en singular como en plural.

• Cerca de mi casa **hay** un parque enorme.
• En la fiesta **hubo** momentos muy divertidos.
• ¿**Había** mucha gente en el concierto?
• En el futuro **habrá** problemas de suministro de agua.

▶ Para informar sobre la ubicación de un evento ya mencionado, usamos **ser**.

• La reunión **es** en mi casa.

▶ Con adjetivos, usamos **ser** para hablar de las características esenciales del sustantivo y **estar** para expresar una condición o un estado especial en un momento determinado.

• Lucas **es** ingeniero. • Lucas **está** enfadado.
• Este coche **es** nuevo. • El coche **está** averiado.

▶ También usamos **ser** cuando identificamos algo o a alguien o cuando hablamos de las características inherentes de algo.

• Alba **es** una amiga mía.
 ~~Alba está una amiga mía.~~

▶ Con los adverbios **bien/mal**, usamos únicamente **estar**.

• El concierto **ha estado** muy bien, ¿no?
 ~~El concierto ha sido muy bien, ¿no?~~

VERBOS

Presente	Pretérito Imperfecto	Pretérito Indefinido	Pretérito Perfecto verbo **haber** + Participio*	Futuro	Imperativo Afirmativo	Negativo

1. ESTUDIAR
Gerundio: estudi**ando**
Participio: estudi**ado**

estudi**o**	estudi**aba**	estudi**é**	he estudi**ado**	estudiar**é**		
estudi**as**	estudi**abas**	estudi**aste**	has estudi**ado**	estudiar**ás**	estudi**a**	no estudi**es**
estudi**a**	estudi**aba**	estudi**ó**	ha estudi**ado**	estudiar**á**	estudi**e**	no estudi**e**
estudi**amos**	estudi**ábamos**	estudi**amos**	hemos estudi**ado**	estudiar**emos**		
estudi**áis**	estudi**abais**	estudi**asteis**	habéis estudi**ado**	estudiar**éis**	estudi**ad**	no estudi**éis**
estudi**an**	estudi**aban**	estudi**aron**	han estudi**ado**	estudiar**án**	estudi**en**	no estudi**en**

2. COMER
Gerundio: com**iendo**
Participio: com**ido**

com**o**	com**ía**	com**í**	he com**ido**	comer**é**		
com**es**	com**ías**	com**iste**	has com**ido**	comer**ás**	com**e**	no com**as**
com**e**	com**ía**	com**ió**	ha com**ido**	comer**á**	com**a**	no com**a**
com**emos**	com**íamos**	com**imos**	hemos com**ido**	comer**emos**		
com**éis**	com**íais**	com**isteis**	habéis com**ido**	comer**éis**	com**ed**	no com**áis**
com**en**	com**ían**	com**ieron**	han com**ido**	comer**án**	com**an**	no com**an**

3. VIVIR
Gerundio: viv**iendo**
Participio: viv**ido**

viv**o**	viv**ía**	viv**í**	he viv**ido**	vivir**é**		
viv**es**	viv**ías**	viv**iste**	has viv**ido**	vivir**ás**	viv**e**	no viv**as**
viv**e**	viv**ía**	viv**ió**	ha viv**ido**	vivir**á**	viv**a**	no viv**a**
viv**imos**	viv**íamos**	viv**imos**	hemos viv**ido**	vivir**emos**		
viv**ís**	viv**íais**	viv**isteis**	habéis viv**ido**	vivir**éis**	viv**id**	no viv**áis**
viv**en**	viv**ían**	viv**ieron**	han viv**ido**	vivir**án**	viv**an**	no viv**an**

* PARTICIPIOS IRREGULARES

		escribir	escrito	**poner**	puesto
		freír	frito/freído	**resolver**	resuelto
abrir	abierto	**hacer**	hecho	**romper**	roto
cubrir	cubierto	**ir**	ido	**ver**	visto
decir	dicho	**morir**	muerto	**volver**	vuelto

Presente	Pretérito Imperfecto	Pretérito Indefinido	Futuro	Imperativo Afirmativo	Negativo
4. ACTUAR Gerundio: actuando Participio: actuado					
actúo	actuaba	actué	actuaré		
actúas	actuabas	actuaste	actuarás	actúa	no actúes
actúa	actuaba	actuó	actuará	actúe	no actúe
actuamos	actuábamos	actuamos	actuaremos		
actuáis	actuabais	actuasteis	actuaréis	actuad	no actuéis
actúan	actuaban	actuaron	actuarán	actúen	no actúen
6. ANDAR Gerundio: andando Participio: andado					
ando	andaba	anduve	andaré		
andas	andabas	anduviste	andarás	anda	no andes
anda	andaba	anduvo	andará	ande	no ande
andamos	andábamos	anduvimos	andaremos		
andáis	andabais	anduvisteis	andaréis	andad	no andéis
andan	andaban	anduvieron	andarán	anden	no anden
8. BUSCAR Gerundio: buscando Participio: buscado					
busco	buscaba	busqué	buscaré		
buscas	buscabas	buscaste	buscarás	busca	no busques
busca	buscaba	buscó	buscará	busque	no busque
buscamos	buscábamos	buscamos	buscaremos		
buscáis	buscabais	buscasteis	buscaréis	buscad	no busquéis
buscan	buscaban	buscaron	buscarán	busquen	no busquen
10. COGER Gerundio: cogiendo Participio: cogido					
cojo	cogía	cogí	cogeré		
coges	cogías	cogiste	cogerás	coge	no cojas
coge	cogía	cogió	cogerá	coja	no coja
cogemos	cogíamos	cogimos	cogeremos		
cogéis	cogíais	cogisteis	cogeréis	coged	no cojáis
cogen	cogían	cogieron	cogerán	cojan	no cojan
12. COMENZAR Gerundio: comenzando Participio: comenzado					
comienzo	comenzaba	comencé	comenzaré		
comienzas	comenzabas	comenzaste	comenzarás	comienza	no comiences
comienza	comenzaba	comenzó	comenzará	comience	no comience
comenzamos	comenzábamos	comenzamos	comenzaremos		
comenzáis	comenzabais	comenzasteis	comenzaréis	comenzad	no comencéis
comienzan	comenzaban	comenzaron	comenzarán	comiencen	no comiencen
14. CONOCER Gerundio: conociendo Participio: conocido					
conozco	conocía	conocí	conoceré		
conoces	conocías	conociste	conocerás	conoce	no conozcas
conoce	conocía	conoció	conocerá	conozca	no conozca
conocemos	conocíamos	conocimos	conoceremos		
conocéis	conocíais	conocisteis	conoceréis	conoced	no conozcáis
conocen	conocían	conocieron	conocerán	conozcan	no conozcan
16. DAR Gerundio: dando Participio: dado					
doy	daba	di	daré		
das	dabas	diste	darás	da	no des
da	daba	dio	dará	dé	no dé
damos	dábamos	dimos	daremos		
dais	dabais	disteis	daréis	dad	no deis
dan	daban	dieron	darán	den	no den
18. DIRIGIR Gerundio: dirigiendo Participio: dirigido					
dirijo	dirigía	dirigí	dirigiré		
diriges	dirigías	dirigiste	dirigirás	dirige	no dirijas
dirige	dirigía	dirigió	dirigirá	dirija	no dirija
dirigimos	dirigíamos	dirigimos	dirigiremos		
dirigís	dirigíais	dirigisteis	dirigiréis	dirigid	no dirijáis
dirigen	dirigían	dirigieron	dirigirán	dirijan	no dirijan

Presente	Pretérito Imperfecto	Pretérito Indefinido	Futuro	Imperativo Afirmativo	Negativo
5. ADQUIRIR Gerundio: adquiriendo Participio: adquirido					
adquiero	adquiría	adquirí	adquiriré		
adquieres	adquirías	adquiriste	adquirirás	adquiere	no adquiera
adquiere	adquiría	adquirió	adquirirá	adquiera	no adquiera
adquirimos	adquiríamos	adquirimos	adquiriremos		
adquirís	adquiríais	adquiristeis	adquiriréis	adquirid	no adquirái
adquieren	adquirían	adquirieron	adquirirán	adquieran	no adquiera
7. AVERIGUAR Gerundio: averiguando Participio: averiguado					
averiguo	averiguaba	averigüé	averiguaré		
averiguas	averiguabas	averiguaste	averiguarás	averigua	no averigüe
averigua	averiguaba	averiguó	averiguará	averigüe	no averigüe
averiguamos	averiguábamos	averiguamos	averiguaremos		
averiguáis	averiguabais	averiguasteis	averiguaréis	averiguad	no averigüé
averiguan	averiguaban	averiguaron	averiguarán	averigüen	no averigüe
9. CAER Gerundio: cayendo Participio: caído					
caigo	caía	caí	caeré		
caes	caías	caíste	caerás	cae	no caigas
cae	caía	cayó	caerá	caiga	no caiga
caemos	caíamos	caímos	caeremos		
caéis	caíais	caísteis	caeréis	caed	no caigáis
caen	caían	cayeron	caerán	caigan	no caigan
11. COLGAR Gerundio: colgando Participio: colgado					
cuelgo	colgaba	colgué	colgaré		
cuelgas	colgabas	colgaste	colgarás	cuelga	no cuelgue
cuelga	colgaba	colgó	colgará	cuelgue	no cuelgue
colgamos	colgábamos	colgamos	colgaremos		
colgáis	colgabais	colgasteis	colgaréis	colgad	no colguéis
cuelgan	colgaban	colgaron	colgarán	cuelguen	no cuelgue
13. CONDUCIR Gerundio: conduciendo Participio: conducido					
conduzco	conducía	conduje	conduciré		
conduces	conducías	condujiste	conducirás	conduce	no conduzc
conduce	conducía	condujo	conducirá	conduzca	no conduzc
conducimos	conducíamos	condujimos	conduciremos		
conducís	conducíais	condujisteis	conduciréis	conducid	no conduzc
conducen	conducían	condujeron	conducirán	conduzcan	no conduzc
15. CONTAR Gerundio: contando Participio: contado					
cuento	contaba	conté	contaré		
cuentas	contabas	contaste	contarás	cuenta	no cuentes
cuenta	contaba	contó	contará	cuente	no cuente
contamos	contábamos	contamos	contaremos		
contáis	contabais	contasteis	contaréis	contad	no contéis
cuentan	contaban	contaron	contarán	cuenten	no cuenter
17. DECIR Gerundio: diciendo Participio: dicho					
digo	decía	dije	diré		
dices	decías	dijiste	dirás	di	no digas
dice	decía	dijo	dirá	diga	no diga
decimos	decíamos	dijimos	diremos		
decís	decíais	dijisteis	diréis	decid	no digáis
dicen	decían	dijeron	dirán	digan	no digan
19. DISTINGUIR Gerundio: distinguiendo Participio: distinguido					
distingo	distinguía	distinguí	distinguiré		
distingues	distinguías	distinguiste	distinguirás	distingue	no distinga
distingue	distinguía	distinguió	distinguirá	distinga	no distinga
distinguimos	distinguíamos	distinguimos	distinguiremos		
distinguís	distinguíais	distinguisteis	distinguiréis	distinguid	no distingá
distinguen	distinguían	distinguieron	distinguirán	distingan	no distinga

Presente	Pretérito Imperfecto	Pretérito Indefinido	Futuro	Imperativo Afirmativo	Negativo
20. DORMIR Gerundio: durmiendo **Participio:** dormido					
duermo	dormía	dormí	dormiré		
duermes	dormías	dormiste	dormirás	duerme	no duermas
duerme	dormía	durmió	dormirá	duerma	no duerma
dormimos	dormíamos	dormimos	dormiremos		
dormís	dormíais	dormisteis	dormiréis	dormid	no durmáis
duermen	dormían	durmieron	dormirán	duerman	no duerman
22. ESTAR Gerundio: estando **Participio:** estado					
estoy	estaba	estuve	estaré		
estás	estabas	estuviste	estarás	está	no estés
está	estaba	estuvo	estará	esté	no esté
estamos	estábamos	estuvimos	estaremos		
estáis	estabais	estuvisteis	estaréis	estad	no estéis
están	estaban	estuvieron	estarán	estén	no estén
24. HABER Gerundio: habiendo **Participio:** habido					
he	había	hube	habré		
has	habías	hubiste	habrás	he*	
ha/hay*	había	hubo	habrá		
hemos	habíamos	hubimos	habremos		
habéis	habíais	hubisteis	habréis		
han	habían	hubieron	habrán		

* impersonal * única forma en uso

Presente	Pretérito Imperfecto	Pretérito Indefinido	Futuro	Imperativo Afirmativo	Negativo
21. ENVIAR Gerundio: enviando **Participio:** enviado					
envío	enviaba	envié	enviaré		
envías	enviabas	enviaste	enviarás	envía	no envíes
envía	enviaba	envió	enviará	envíe	no envíe
enviamos	enviábamos	enviamos	enviaremos		
enviáis	enviabais	enviasteis	enviaréis	enviad	no enviéis
envían	enviaban	enviaron	enviarán	envíen	no envíen
23. FREGAR Gerundio: fregando **Participio:** fregado					
friego	fregaba	fregué	fregaré		
friegas	fregabas	fregaste	fregarás	friega	no friegues
friega	fregaba	fregó	fregará	friegue	no friegue
fregamos	fregábamos	fregamos	fregaremos		
fregáis	fregabais	fregasteis	fregaréis	fregad	no freguéis
friegan	fregaban	fregaron	fregarán	frieguen	no frieguen
25. HACER Gerundio: haciendo **Participio:** hecho					
hago	hacía	hice	haré		
haces	hacías	hiciste	harás	haz	no hagas
hace	hacía	hizo	hará	haga	no haga
hacemos	hacíamos	hicimos	haremos		
hacéis	hacíais	hicisteis	haréis	haced	no hagáis
hacen	hacían	hicieron	harán	hagan	no hagan

Presente	Pretérito Imperfecto	Pretérito Indefinido	Futuro	Imperativo Afirmativo	Negativo
26. INCLUIR Gerundio: incluyendo **Participio:** incluido					
incluyo	incluía	incluí	incluiré		
incluyes	incluías	incluiste	incluirás	incluye	no incluyas
incluye	incluía	incluyó	incluirá	incluya	no incluya
incluimos	incluíamos	incluimos	incluiremos		
incluís	incluíais	incluisteis	incluiréis	incluid	no incluyáis
incluyen	incluían	incluyeron	incluirán	incluyan	no incluyan
28. JUGAR Gerundio: jugando **Participio:** jugado					
juego	jugaba	jugué	jugaré		
juegas	jugabas	jugaste	jugarás	juega	no juegues
juega	jugaba	jugó	jugará	juegue	no juegue
jugamos	jugábamos	jugamos	jugaremos		
jugáis	jugabais	jugasteis	jugaréis	jugad	no juguéis
juegan	jugaban	jugaron	jugarán	jueguen	no jueguen
30. LLEGAR Gerundio: llegando **Participio:** llegado					
llego	llegaba	llegué	llegaré		
llegas	llegabas	llegaste	llegarás	llega	no llegues
llega	llegaba	llegó	llegará	llegue	no llegue
llegamos	llegábamos	llegamos	llegaremos		
llegáis	llegabais	llegasteis	llegaréis	llegad	no lleguéis
llegan	llegaban	llegaron	llegarán	lleguen	no lleguen
32. OÍR Gerundio: oyendo **Participio:** oído					
oigo	oía	oí	oiré		
oyes	oías	oíste	oirás	oye	no oigas
oye	oía	oyó	oirá	oiga	no oiga
oímos	oíamos	oímos	oiremos		
oís	oíais	oísteis	oiréis	oíd	no oigáis
oyen	oían	oyeron	oirán	oigan	no oigan
34. PERDER Gerundio: perdiendo **Participio:** perdido					
pierdo	perdía	perdí	perderé		
pierdes	perdías	perdiste	perderás	pierde	no pierdas
pierde	perdía	perdió	perderá	pierda	no pierda
perdemos	perdíamos	perdimos	perderemos		
perdéis	perdíais	perdisteis	perderéis	perded	no perdáis
pierden	perdían	perdieron	perderán	pierdan	no pierdan

Presente	Pretérito Imperfecto	Pretérito Indefinido	Futuro	Imperativo Afirmativo	Negativo
27. IR Gerundio: yendo **Participio:** ido					
voy	iba	fui	iré		
vas	ibas	fuiste	irás	ve	no vayas
va	iba	fue	irá	vaya	no vaya
vamos	íbamos	fuimos	iremos		
vais	ibais	fuisteis	iréis	id	no vayáis
van	iban	fueron	irán	vayan	no vayan
29. LEER Gerundio: leyendo **Participio:** leído					
leo	leía	leí	leeré		
lees	leías	leíste	leerás	lee	no leas
lee	leía	leyó	leerá	lea	no lea
leemos	leíamos	leímos	leeremos		
leéis	leíais	leísteis	leeréis	leed	no leáis
leen	leían	leyeron	leerán	lean	no lean
31. MOVER Gerundio: moviendo **Participio:** movido					
muevo	movía	moví	moverán		
mueves	movías	moviste	moverás	mueve	no muevas
mueve	movía	movió	moverá	mueva	no mueva
movemos	movíamos	movimos	moveremos		
movéis	movíais	movisteis	moveréis	moved	no mováis
mueven	movían	movieron	moverán	muevan	no muevan
33. PENSAR Gerundio: pensando **Participio:** pensado					
pienso	pensaba	pensé	pensaré		
piensas	pensabas	pensaste	pensarás	piensa	no pienses
piensa	pensaba	pensó	pensará	piense	no piense
pensamos	pensábamos	pensamos	pensaremos		
pensáis	pensabais	pensasteis	pensaréis	pensad	no penséis
piensan	pensaban	pensaron	pensarán	piensen	no piensen
35. PODER Gerundio: pudiendo **Participio:** podido					
puedo	podía	pude	podré		
puedes	podías	pudiste	podrás	puede	no puedas
puede	podía	pudo	podrá	pueda	no pueda
podemos	podíamos	pudimos	podremos		
podéis	podíais	pudisteis	podréis	poded	no podáis
pueden	podían	pudieron	podrán	puedan	no puedan

36. PONER Gerundio: poniendo Participio: puesto

Presente	Pretérito Imperfecto	Pretérito Indefinido	Futuro	Imperativo Afirmativo	Negativo
pongo	ponía	puse	pondré		
pones	ponías	pusiste	pondrás	pon	no pongas
pone	ponía	puso	pondrá	ponga	no ponga
ponemos	poníamos	pusimos	pondremos		
ponéis	poníais	pusisteis	pondréis	poned	no pongáis
ponen	ponían	pusieron	pondrán	pongan	no pongan

37. QUERER Gerundio: queriendo Participio: querido

Presente	Pretérito Imperfecto	Pretérito Indefinido	Futuro	Imperativo Afirmativo	Negativo
quiero	quería	quise	querré		
quieres	querías	quisiste	querrás	quiere	no quieras
quiere	quería	quiso	querrá	quiera	no quiera
queremos	queríamos	quisimos	querremos		
queréis	queríais	quisisteis	querréis	quered	no queráis
quieren	querían	quisieron	querrán	quieran	no quieran

38. REÍR Gerundio: riendo Participio: reído

Presente	Pretérito Imperfecto	Pretérito Indefinido	Futuro	Imperativo Afirmativo	Negativo
río	reía	reí	reiré		
ríes	reías	reíste	reirás	ríe	no rías
ríe	reía	rió	reirá	ría	no ría
reímos	reíamos	reímos	reiremos		
reís	reíais	reísteis	reiréis	reíd	no riáis
ríen	reían	rieron	reirán	rían	no rían

39. REUNIR Gerundio: reuniendo Participio: reunido

Presente	Pretérito Imperfecto	Pretérito Indefinido	Futuro	Imperativo Afirmativo	Negativo
reúno	reunía	reuní	reuniré		
reúnes	reunías	reuniste	reunirás	reúne	no reúnas
reúne	reunía	reunió	reunirá	reúna	no reúna
reunimos	reuníamos	reunimos	reuniremos		
reunís	reuníais	reunisteis	reuniréis	reunid	no reunáis
reúnen	reunían	reunieron	reunirán	reúnan	no reúnan

40. SABER Gerundio: sabiendo Participio: sabido

Presente	Pretérito Imperfecto	Pretérito Indefinido	Futuro	Imperativo Afirmativo	Negativo
sé	sabía	supe	sabré		
sabes	sabías	supiste	sabrás	sabe	no sepas
sabe	sabía	supo	sabrá	sepa	no sepa
sabemos	sabíamos	supimos	sabremos		
sabéis	sabíais	supisteis	sabréis	sabed	no sepáis
saben	sabían	supieron	sabrán	sepan	no sepan

41. SALIR Gerundio: saliendo Participio: salido

Presente	Pretérito Imperfecto	Pretérito Indefinido	Futuro	Imperativo Afirmativo	Negativo
salgo	salía	salí	saldré		
sales	salías	saliste	saldrás	sal	no salgas
sale	salía	salió	saldrá	salga	no salga
salimos	salíamos	salimos	saldremos		
salís	salíais	salisteis	saldréis	salid	no salgáis
salen	salían	salieron	saldrán	salgan	no salgan

42. SENTIR Gerundio: sintiendo Participio: sentido

Presente	Pretérito Imperfecto	Pretérito Indefinido	Futuro	Imperativo Afirmativo	Negativo
siento	sentía	sentí	sentiré		
sientes	sentías	sentiste	sentirás	siente	no sientas
siente	sentía	sintió	sentirá	sienta	no sienta
sentimos	sentíamos	sentimos	sentiremos		
sentís	sentíais	sentisteis	sentiréis	sentid	no sintáis
sienten	sentían	sintieron	sentirán	sientan	no sientan

43. SER Gerundio: siendo Participio: sido

Presente	Pretérito Imperfecto	Pretérito Indefinido	Futuro	Imperativo Afirmativo	Negativo
soy	era	fui	seré		
eres	eras	fuiste	serás	sé	no seas
es	era	fue	será	sea	no sea
somos	éramos	fuimos	seremos		
sois	erais	fuisteis	seréis	sed	no seáis
son	eran	fueron	serán	sean	no sean

44. SERVIR Gerundio: sirviendo Participio: servido

Presente	Pretérito Imperfecto	Pretérito Indefinido	Futuro	Imperativo Afirmativo	Negativo
sirvo	servía	serví	serviré		
sirves	servías	serviste	servirás	sirve	no sirvas
sirve	servía	sirvió	servirá	sirva	no sirva
servimos	servíamos	servimos	serviremos		
servís	servíais	servisteis	serviréis	servid	no sirváis
sirven	servían	sirvieron	servirán	sirvan	no sirvan

45. TENER Gerundio: teniendo Participio: tenido

Presente	Pretérito Imperfecto	Pretérito Indefinido	Futuro	Imperativo Afirmativo	Negativo
tengo	tenía	tuve	tendré		
tienes	tenías	tuviste	tendrás	ten	no tengas
tiene	tenía	tuvo	tendrá	tenga	no tenga
tenemos	teníamos	tuvimos	tendremos		
tenéis	teníais	tuvisteis	tendréis	tened	no tengáis
tienen	tenían	tuvieron	tendrán	tengan	no tengan

46. TRAER Gerundio: trayendo Participio: traído

Presente	Pretérito Imperfecto	Pretérito Indefinido	Futuro	Imperativo Afirmativo	Negativo
traigo	traía	traje	traeré		
traes	traías	trajiste	traerás	trae	no traigas
trae	traía	trajo	traerá	traiga	no traiga
traemos	traíamos	trajimos	traeremos		
traéis	traíais	trajisteis	traeréis	traed	no traigáis
traen	traían	trajeron	traerán	traigan	no traigan

47. UTILIZAR Gerundio: utilizando Participio: utilizado

Presente	Pretérito Imperfecto	Pretérito Indefinido	Futuro	Imperativo Afirmativo	Negativo
utilizo	utilizaba	utilicé	utilizaré		
utilizas	utilizabas	utilizaste	utilizarás	utiliza	no utilices
utiliza	utilizaba	utilizó	utilizará	utilice	no utilice
utilizamos	utilizábamos	utilizamos	utilizaremos		
utilizáis	utilizabais	utilizasteis	utilizaréis	utilizad	no utilicéis
utilizan	utilizaban	utilizaron	utilizarán	utilicen	no utilicen

48. VALER Gerundio: valiendo Participio: valido

Presente	Pretérito Imperfecto	Pretérito Indefinido	Futuro	Imperativo Afirmativo	Negativo
valgo	valía	valí	valdré		
vales	valías	valiste	valdrás	vale	no valgas
vale	valía	valió	valdrá	valga	no valga
valemos	valíamos	valimos	valdremos		
valéis	valíais	valisteis	valdréis	valed	no valgáis
valen	valían	valieron	valdrán	valgan	no valgan

49. VENCER Gerundio: venciendo Participio: vencido

Presente	Pretérito Imperfecto	Pretérito Indefinido	Futuro	Imperativo Afirmativo	Negativo
venzo	vencía	vencí	venceré		
vences	vencías	venciste	vencerás	vence	no venzas
vence	vencía	venció	vencerá	venza	no venza
vencemos	vencíamos	vencimos	venceremos		
vencéis	vencíais	vencisteis	venceréis	venced	no venzáis
vencen	vencían	vencieron	vencerán	venzan	no venzan

50. VENIR Gerundio: viniendo Participio: venido

Presente	Pretérito Imperfecto	Pretérito Indefinido	Futuro	Imperativo Afirmativo	Negativo
vengo	venía	vine	vendré		
vienes	venías	viniste	vendrás	ven	no vengas
viene	venía	vino	vendrá	venga	no venga
venimos	veníamos	vinimos	vendremos		
venís	veníais	vinisteis	vendréis	venid	no vengáis
vienen	venían	vinieron	vendrán	vengan	no vengan

51. VER Gerundio: viendo Participio: visto

Presente	Pretérito Imperfecto	Pretérito Indefinido	Futuro	Imperativo Afirmativo	Negativo
veo	veía	vi	veré		
ves	veías	viste	verás	ve	no veas
ve	veía	vio	verá	vea	no vea
vemos	veíamos	vimos	veremos		
veis	veíais	visteis	veréis	ved	no veáis
ven	veían	vieron	verán	vean	no vean